Suonare Il Piano Jazz Solo

UN NUOVO APPROCCIO PER I PIANISTI CREATIVI

DI JEREMY SISKIND

INTRODUZIONE DI FRED HERSCH

Traduzione di Francesco Manfredi

Editing di Gail Lew
Stampa di Kim Groves Brand
Design di Kelly DiBernardo Rupert

ISBN 978-1-7351695-9-0

Visita online Jeremy Siskind su
www.jeremysiskind.com

INDICE

INTRODUZIONE

Quando ero un pianista jazz autodidatta di 18 anni nella mia città natale di Cincinnati, Ohio nei primi anni 70, spendevo tutti i miei pochi soldi al Mole's Record Exchange. Era un negozio di vinili usati vicino all' Università di Cincinnati dove stavo diligentemente frequentando il Conservatorio per togliermi di dosso i miei genitori mentre suonavo principalmente in rozzi nightclub, imparando il jazz sul palco con i grandi jazzisti locali. Il padrone del negozio mi prese a benvolere poiché vedeva che ero serio nel voler imparare l'arte del piano jazz, così metteva da parte per me gli album che pensava mi sarebbero piaciuti - o che lui voleva che io considerassi. Ogni album costava due o tre dollari. Oltre a quelle gemme, io avrei letteralmente comprato qualsiasi album di piano jazz se aveva un pianista sulla copertina o includeva un pianista di cui avevo sentito parlare come sideman, avrei accettato il rischio. E lui mi fece sapere che se non mi piaceva qualcosa che avevo comprato, lo avrebbe ricomprato da me a metà prezzo - così non avevo nulla da perdere nell'ascoltare tanti pianisti quanti avessi voluto.

Ovviamente, ero già familiare allora con i grandi nomi: Art Tatum, Errol Garner, Oscar Peterson, Bud Powell, tutti i pianisti di Miles Davis (Wynton Kelly, Bill Evans, Red Garland, e Herbie Hancock), Chick Corea, Thelonious Monk, McCoy Tyner, Ahmad Jamal, e così via. Ma nella mia abitudine random di comprare quegli album usati, inciampai in molti pianisti "tra le pieghe" che erano meno conosciuti: Steve Kuhn, Denny Zeitlin, Herbie Nichols, Andrew Hill, Cedar Walton e moltissimi altri. E continuavo a imbattermi in Jaki Byard.

Jackie non era solo il sideman di così tanti album importanti di Charles Mingus, Eric Dolphy, Sam Rivers e così tanti altri, era un bandleader e compositore di per sé ed era un superbo - ed enciclopedico - pianista solista. Seppi che stava insegnando a Boston al Conservatorio del new England così mi iscrissi lì nell'autunno del 1975. Lui mi dischiuse il mondo e l'eredità dei grandi pianisti jazz solisti: Earl "Fatha" Hines (uno dei miei preferiti), James P. Johnson, Teddy Wilson, Eubie Blake, "Fats" Waller e così tanti altri. Venni anche a conoscenza di alcune linee genealogiche del piano jazz: Hines/Ellington/Monk e Johnson/Tatum/Petersen tra gli altri. E dopo il trasferimento a New York nel 1977, vidi molti dei grandi pianisti solisti live: Sir Roland Hanna, Dave McKenna, Jimmy Rowles, Ray Briant, Ellis Larkins, George Shearing, Don Pullen, ed ebbi il privilegio di fare amicizia con molti di loro e passare del tempo con loro intorno al piano.

Nel lontano 1974, vidi il Polo Nord e il Polo Sud del piano, Cecil Taylor e Keith Jarrett. Ma dopo aver allargato i miei orizzonti e con qualche incoraggiamento dai più grandi di me, decisi di dedicare parte del mio tempo nell'affinarmi come pianista solista e ciò significò trovare la mia propria strada. Tendo a vedere il piano in una situazione solistica come una grande batteria con 88 altezze. Ovviamente, un piano può essere una big band; un cantante; una band di *choro*; un suonatore di fiati, ed è l'unico strumento che può veramente entrare dentro al contrappunto di più voci simultaneamente. Se la mano destra in ottavi è il piatto ride, deve avere un diverso ritmo, suono, e tocco. Non solo l'attacco, ma anche la lunghezza e il posizionamento della nota. Se un buon batterista distingue il ritmo del piatto di Billy Higgins da quello di Billy Hart, i grandi "pianisti di tocco" sono facili da riconoscere da parte di un astuto studente di piano jazz: Ahmad Jamal, il primo Bill Evans e così tanti altri. Ma ma mano che studiavo, trovavo incredibile che Duke o Monk, indipendentemente dal pianoforte o dalla tecnologia di registrazione, suonassero sempre come loro stessi in un periodo di decenni. Questo mi portò a una ricerca di anni sul suono del piano sotto l'incredibile guida di Sophia Rosoff, che ha lavorato anche con Jeremy Siskind.

Ho avuto molti studenti nel corso degli anni e ho spesso sentito dire, dopo che avevano suonato per me un pezzo solista o due al nostro primo incontro, "io suono molto meglio con una sezione ritmica". Ma diciamo la verità, ogni volta che noi facciamo pratica, noi STIAMO suonando il piano solista, così forse è meglio fare amicizia con lui alle sue condizioni. Imparare a suonare un passo alla volta, avere "parti in movimento" che hanno una propria funzione ritmica e armonica, e ricercare lo stile dei grandi pianisti solisti sono importanti per chiunque voglia diventare un pianista jazz completo. E bisogna sempre tenere a bada la paura di "sbagliare". I grandi non sono arrivati ad avere quel personale tocco pianistico se non suonando quello che sentivano con le orecchie e col cuore. La sperimentazione, più che il fallimento occasionale, sono parte dello sviluppo musicale come jazzista. E, bisogna dirlo, rubare euna parte importante dell'equazione. Tutti subiscono influenze e tutti rubano. Si dà il il caso che suoniamo uno strumento che ha quattro secoli di musica gloriosa scritta per esso; puoi assorbire e rubare anche da tutto ciò. È come tu ti appropri di ciò che è la chiave per essere tu stesso un artista. E il piano jazz solista è in ottime mani con giovani artisti come Kris Davis, Aaron Parks, Sullivan Fortner, Dan Tepfer, Craig Taborn, Benoit Delbecq, Aaron Diehl, Gwilym Simcock and Jeremy Siskind himself, che stanno tutti proseguendo la tradizione e facendola propria.

Jeremy ha fatto un lavoro rimarchevole di organizzare l'intera storia del piano jazz nel libro che adesso hai in mano. È conciso e aperto allo stesso tempo. Tutti i concetti importanti e gli stili storici sono qui presentati in un modo profondo e che stimola a investigare, ascoltare, sperimentare e divertirsi con il mondo del piano jazz solista. È un mondo bellissimo, e da dove lo guardo io, non invecchia mai.

Fred Hersch, giugno 2020

NOTA DELL'AUTORE

I pianisti jazz solisti hanno l'incredibile potenziale di esprimersi attraverso la musica con onestà e libertà assoluta. Senza un gruppo musicale e uno spartito a limitarli, i pianisti jazz solisti sono limitati solo dalla loro tecnica e immaginazione. La mia più grande speranza è che pianisti di ogni livello useranno questo libro per minimizzare quelle limitazioni e raggiungere il loro più alto potenziale di espressione musicale, proseguendo la tradizione dei grandi del jazz che hanno segnato il cammino.

Sebbene questo libro presenti i concetti in un ordine che ha un senso per me, il piano jazz solista non è uno stile monolitico, né un'abilità che può essere insegnata o imparata in una maniera sistematica e ordinata. Credo che imparare a suonare il piano solista sia come camminare in un giardino con sentieri che si biforcano, con ogni sentiero che si divide in molte altre possibili diramazioni. Un sentiero potrebbe condurre allo stride piano tradizionale, un altro alle ballate in tempo "rubato", un altro ancora a degli arrangiamenti nello stile della musica classica. In una performance, un pianista si muove liberamente e frequentemente tra molti sentieri, tracciando un viaggio a zig-zag che combina approcci diversi.

Per facilitare questo viaggio, ho diviso il libro in cinque sezioni che penso siano coerenti come unità: Stride Piano, Tecniche Swing Tradizionali, Voicings a due mani, Suonare le Ballads, Esplorazioni Moderne. Ti incoraggio a saltare alla sezione o al capitolo che ti spira al momento, piuttosto che lavorare su tutto il libro in ordine.

Sono profondamente consapevole di quanto sia futile cercare di catturare lo stile pionieristico di artisti così unici come Thelonious Monk, Bud Powell, Paul Bley, e Cecil Taylor in un solo libro. In realtà, ognuno di questi artisti potrebbe avere interi volumi dedicati alla loro musica senza neanche scalfire la superficie della loro arte. Inevitabilmente, ho scritto un libro che predilige lo stile dei pianisti che hanno creato il mio Pantheon personale dei grandi del piano solista come Hank Jones, Thelonious Monk, Bill Evans, Teddy Wilson, Oscar Peterson, Keith Jarrett, Brad Mehldau, and Fred Hersch, tra gli altri. Spero che mi perdonerai per le mie omissioni e mancanze. Di certo ti incoraggio a esplorare tradizioni pianistiche anche più varie di quelle presentate qui.

Infine, poiché il jazz è in definitiva una forma d'arte orale, scrivere un libro sul jazz è sempre un compito agrodolce. Anche se io credo profondamente in tutte le informazioni di questo libro, devo confessare che c'è un valore limitato nel lavorare su questo o qualsiasi altro libro senza approfondire la storia del jazz registrata.

Per aiutarti, ho fatto una lista di risorse per un ulteriore studio alla fine di quasi tutti i capitoli, includendo tracce singole, album completi, e altri libri. Ho anche incluso una lista di cinquanta album di piano solista raccomandati alla fine del libro e una lista di oltre cinquecento album di piano jazz sul mio sito, www.jeremysiskind.com.

Ti auguro tutto successo del mondo nel tuo viaggio!

Jeremy

ACCEDERE AI CONTENUTI AUDIOVISIVI

In questa edizione di Suonare Il Piano Jazz Solo, troverai esempi video suonati da Jeremy Siskind per ogni esempio discusso in questi capitoli. Per ogni esempio applicabile, Jeremy eseguirà anche una versione sperimentale di "Autumn Leaves"basata sui concetti discussi.

Ogni capitolo ha un QR code scannerizzabile da cui puoi accedere agli esempi video e agli altri video rilevanti curati dal canale YouTube di Jeremy.

In alternativa, puoi mettere un segnalibro a questa homepage, che ha il link a ogni pagina del capitolo:

www.jeremysiskind.com/psjpvideos/

o puoi scannerizzare questo QR code per accedere ai segnalibri della home page:

ESERCITARSI NEL PIANO JAZZ SOLISTA

Dieci Suggerimenti per Esercitarsi Nel Piano Jazz Solista

1. Il piano solista è particolarmente difficile da assorbire velocemente perché sia la creazione che l'esecuzione di una performance di piano solista richiedono un massiccio sforzo cerebrale. Quando ti eserciti, io raccomando sempre di scrivere varie versioni di qualsiasi concetto tu stia studiando prima di provare a improvvisare in quello stile. Impara a suonare i tuoi esempi scritti per acquisire una memoria muscolare e perfezionare lo stile e la tecnica prima di provare a usare quel concetto spontaneamente.

2. Dovresti sempre esercitarti a un livello in cui puoi eseguire con successo il concetto in modo impegnativo ma raggiungibile. Se la tua sessione di esercitazione è troppo facile, le tue abilità non cresceranno. Ma se sono troppo difficili, non sarai in grado di completare il tuo compito con successo. Ci sono cinque aspetti principali che puoi variare per stabilire il livello giusto per ogni esercizio:

   a. Diminuisci il **tempo** se sei impaurito da un esercizio. Aumenta il tempo se il tuo compito non è impegnativo.

   b. Suona una **canzone** più facile se l'esercizio è troppo impegnativo per "Giant Steps". Suona una canzone più difficile se è troppo facile per "So What".

   c. Trasponi in una **tonalità** più difficile se il concetto è troppo facile in Do maggiore. Trasponi in una tonalità più facile se è troppo difficile in Sol diesis minore.

   d. Suona a **mani separate** se a mani unite è troppo difficile. Poi suona a **mani unite** quando ti senti pronto.

   e. Concentrati su un **passaggio** più corto se il compito è troppo difficile. Concentrati su un passaggio più lungo se è troppo semplice.

3. Non cercare di suonare in modo "piacente" quando stai facendo pratica. Se esercitarsi è come fare ginnastica, suonare in modo "piacente" è come contrarre ed esibire i muscoli allo specchio subito dopo. Se spendi tutto il tuo tempo a ostentare, non sarai mai veramente in forma. Mi piace provare a suonare al mio meglio per un po' di minuti alla fine di una sessione di esercizio come ricompensa per ore di duro lavoro.

4. Quando stai lavorando su un nuovo concetto, stai formando una nuova abitudine. Usa quel nuovo concetto in modo ossessionante in ogni singolo posto dove puoi infilarlo. Solo quando sei assolutamente sfinito dal tuo concetto dovresti tornare a ridurlo e provarle a usarlo in modo più contenuto nel contesto adeguato. Solo strafacendo qualcosa puoi creare una nuova abitudine.

5. Anche se suonare il jazz non è seguire le regole, esercitarsi nel jazz dovrebbe essere nella stretta aderenza alle regole. Se stai lavorando su una sfida o esercizio, trattieniti allo standard più elevato possibile di esecuzione di quella sfida. Se non sei severo con te stesso, semplicemente rinforzerai il manierismo preesistente piuttosto che espandere le tue capacità.

6. Usa piccoli obiettivi per misurare il tuo progresso. Senza obiettivi, può essere facile avere l'impressione che non stai facendo progressi mentre i progressi possono essere solo difficili da vedere. Puoi scegliere un obiettivo di performance, come eseguire un passaggio senza errori ad un certo tempo, oppure un obiettivo basato sul tempo, come fare un esercizio per venti minuti senza mai fermarsi. Io uso sempre un timer

quando faccio esercizi e raccomando di esercitarsi sui concetti fin oltre la soglia della stanchezza perché, nella mia esperienza, è spesso il momento in cui i musicisti espandono la loro creatività.

7. Fai esercizio di ascolto a tutti i livelli. Ecco i modi che io suggerisco nell'ascolto, in ordine crescente di intensità:

    a. Ascoltare come **musica di sottofondo** mentre stai facendo un'altra attività

    b. Ascoltare con attenzione, magari **con gli occhi chiusi**, o in un posto buio

    c. Ascoltare la stessa traccia o album ripetutamente **con un obiettivo specifico**, per esempio, concentrandosi sulla mano sinistra, il pedale, o l'articolazione

    d. Ascoltare **il tuo strumento**, mettendo in pausa e in play la traccia per sperimentare al piano man mano che hai l'ispirazione

    e. Imparare a **cantare** un assolo

    f. **Trascrivere una registrazione** e eseguirla insieme alla trascrizione

È salutare avere della varietà nei tuoi ascolti, ma assicurati che ci siano delle tracce che tu conosci veramente bene. Quando si tratta di ascoltare, la profondità è più importante della vastità.

8. Organizza le tue sessioni di esercitazione in quattro parti e fai ogni parte tutti i giorni:

    a. **Costruire la tecnica e assorbire il vocabolario**: scale, arpeggi, studi, pratica di brani classici per costruire la tecnica; trasporre licks, voicings, ii-V-I, suonare temi bebop per assorbire il vocabolario

    b. **Lavorare sui brani**: imparare brani, trovare voicings per i brani, creare arrangiamenti, esercitarsi sugli elementi del punto (a) sulla forma dei brani, fare esercizi di improvvisare sui brani

    c. **Interazione con le registrazioni**: vedi i livelli di ascolto al punto (7); concentrati su (d) fino a (f)

    d. **Essere creativi**: Comporre, arrangiare, imparare la storia della musica, sperimentare con vari strumenti, suonare insieme agli amici

Se esegui questa sessione di esercitazione correttamente, non dovresti mai restare a corto di materiale. Il materiale che tu impari quando interagisci con le registrazioni per la (c) diventeranno il materiale su cui ti eserciterai ma mano che assorbi il vocabolario per la lettera (a), che poi applicherai lavorando alle canzoni per la lettera (b).

9. Lavora solo con del materiale che ti ispira. Come impieghi il tempo delle tue sessioni di esercitazione diventerà la base di chi diventerai come artista. Mentre c'è del valore nell'imparare alcune abilità semplicemente perché sono parte della tradizione del jazz o professionalmente vantaggiose, ricorda che i nostri grandi musicisti jazz sono tutti iconoclasti. Hanno tutti forgiato il loro proprio percorso per raggiungere la loro identità musicale unica. Devi cercare un equilibrio tra il rispetto della tradizione e il seguire alla musica che ami.

10. Componi e arrangia spesso. Quando trovi un suono che ti piace, scrivi una canzone usando quel suono. Quando scopri un movimento armonico interessante, scrivi un arrangiamento di una canzone usando quel movimento. Se trovi impegnativa un'idea, scrivi uno studio che affronta la sfida di petto. Questi processi creativi approfondiscono la tua esperienza di qualsiasi concetto ti stia appassionando.

In definitiva, nessun libro o insegnante può insegnarti il jazz. Devi insegnartelo da solo. Se sei intelligente e diligente con le tue sessioni di esercizi, sarai ricompensato con la crescita. Buona esercitazione!

CAPITOLO A - IL PROBLEMA DEL MANGO

Ci sono tre elementi musicali che sono cruciali per una performance di jazz - il basso, gli accordi, la melodia.

Il basso deve essere suonato più giù possibile nel pianoforte poiché la risonanza acustica è costruita come una piramide che richiede una base larga per raggiungere una struttura solida. Le note del basso suonano meglio approssimativamente nelle prime due ottave del pianoforte. Anche se il Mi più basso sul pianoforte, che corrisponde alla corda più bassa del basso, è un buon punto di riferimento per le note più profonde, poiché alcuni bassi hanno un'estensione fino al Do, è accettabile per il pianista avventurarsi ancora più in basso. Le tre note più basse del pianoforte (La, Si bemolle e Si) sono usate raramente.

Nel swing e nella bossanova, la funzione ritmica del basso è definire i tempi forti, sia in minime, per una linea di basso in due, o in quarti, per una linea di basso in stile walking bass. Il basso fornisce la cornice contro cui gli altri elementi musicali possono sincopare.

Gli **accordi** forniscono sia il contesto armonico (maggiore, minore, dominante, eccetera) sia il colore e la ricchezza. Gli accordi che forniscono un contesto armonico essenziale dovrebbero essere suonati approssimativamente tra il Do sotto il Do centrale (spesso chiamato Do3) e il Sol sopra il Do centrale (Sol4). Se gli accordi sono posizionati più in basso, diventano cupi. Se sono posizionati più in alto, suonano in modo piacevole ma non forniscono una definizione armonica essenziale. Per aggiungere colore, struttura, e varietà al di là della sonorità essenziale, gli accordi possono essere estesi nelle due ottave sopra il Do centrale e oltre.

Sebbene gli accordi siano suonati sul battere in alcuni stili di accompagnamento swing, sono più comunemente suonati in levare nel bebop e negli stili post-bebop. È utile pensare all'accompagnamento e al comping come ciò che fornisce accenti ritmici, in modo simile ai colpi di un pugile che cerca di sorprendere l'avversario con una cadenza non prevedibile di pugni.

Anche se la **melodia** può essere suonata in qualsiasi registro, è tipicamente posizionata indicativamente nelle due ottave sopra il Do centrale poiché i musicisti jazz immaginano un cantante che canti la melodia o un suonatore di fiati, come un trombettista o un sassofonista, che suonano la melodia.

Le melodie possono essere suonate con note singole, ottave, o accordi. Dai musicisti jazz tipicamente ci si aspetta che personalizzino una melodia, cioè, che la suonino in modo diverso da come è presentata sullo spartito. Il processo di personalizzazione dà ai pianisti molta flessibilità riguardo alla presentazione ritmica delle melodie, il che consente alla mano destra di creare aperture ritmiche e di avventurarsi nel registro medio e occuparsi degli accordi tra le frasi melodiche.

Esempio A.1
Registri tipici per basso, accordi e melodie

Nota che le due ottave più in alto del pianoforte non sono usate tipicamente per il basso, gli accordi, o la melodia. I pianisti di solito usano le due ottave più alte per effetti speciali come doppiare la melodia, suonare delle bell tones in ottave, o arpeggiare accordi cristallini. È relativamente raro presentare il basso, gli accordi, o la melodia nelle due ottave più alte.

Esempio A.2
Registro acuto usato per effetti speciali

Il Problema Del Mango

Quando si suona il piano solista, ci sono tre elementi musicali (basso, accordi, melodia), ognuno con un registro tipico e una caratteristica ritmica. Mi piace riferirmi alla sfida di accomodare tutti e tre gli elementi con solo due mani come il problema del mango. Il **problema del mango** è il seguente: immagina di aver comprato tre manghi al supermercato e che devi portarli a casa senza una busta, usando solo due mani. Ognuno dei tre manghi rappresenta un elemento musicale: basso, accordi, melodia. Ci sono cinque possibili soluzioni al problema:

1. Reggi due manghi nella sinistra e uno nella destra

Esempio A.3
Due manghi nella sinistra, uno nella destra

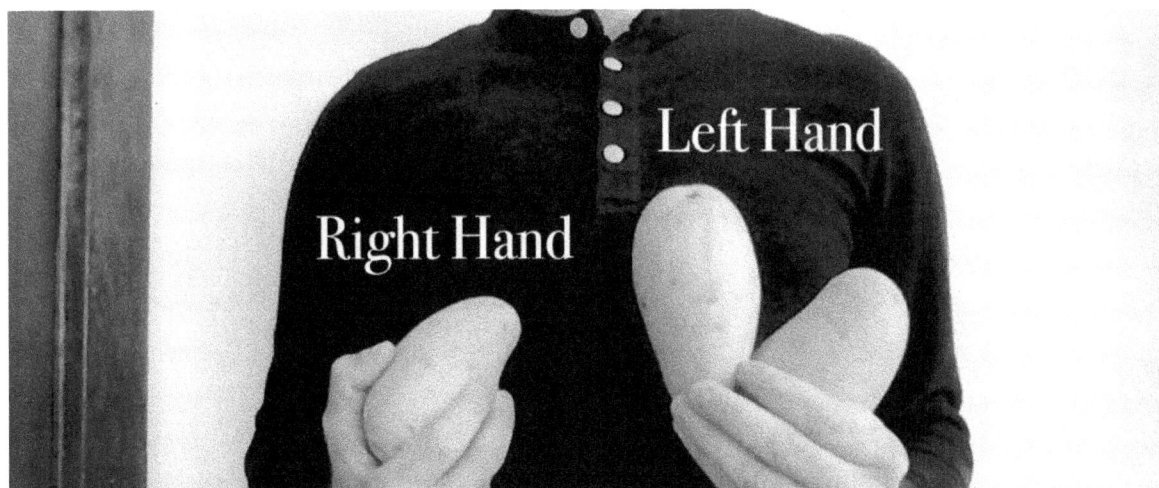

Suonare sia il basso che gli accordi nella sinistra è la soluzione tradizionale per i pianisti solisti di jazz poiché dà alla mano destra la flessibilità massima per presentare la melodia e improvvisare. Il piano stride, le bass shells, e ogni stile in cui la mano sinistra salta tra le funzioni di basso e accordi sono tutte versioni della soluzione 1. Questi stili sono trattati nei capitoli 1-6.

2. Reggi due manghi nella destra e uno nella sinistra

Esempio A.3
Due manghi nella destra, uno nella sinistra

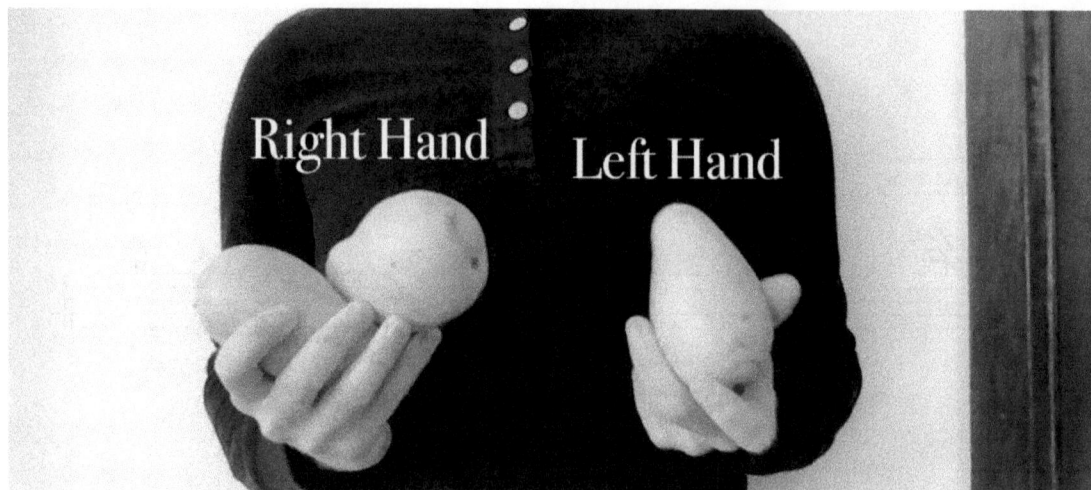

Occuparsi sia della melodia che degli accordi nella destra consente al pianista di suonare una linea di basso costante e ininterrotta nella sinistra. Mantenere una linea di basso costante è specialmente importante per la musica che si basa sul groove come il funk e gli stili latini, che fanno molto affidamento su un basso attivo. Il capitolo 7 discute modi per suonare sia la melodia che gli accordi nella destra, includendo il fare la spola tra melodia e accordi, armonizzare gli accordi sotto le note della melodia, e sottintendere gli accordi sottolineandoli melodicamente.

3. Reggi un mango in ogni mano e condividi il terzo tra entrambe le mani

Esempio A.5
Un mango in ogni mano e uno condiviso tra le mani

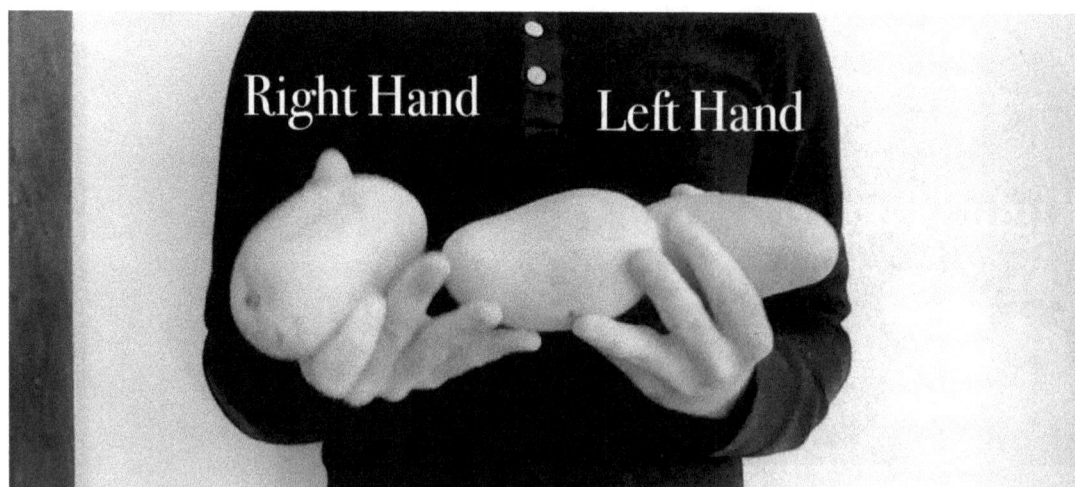

Il modo migliore per mantenere il basso giù, la melodia su, e creare un grande, ricco voicing nel mezzo è condividere gli accordi tra le due mani. Anche se condividere gli accordi crea un voicing molto piacevoli e sonori, limita l'indipendenza possibile per ognuna delle tre diverse parti. Poiché gli accordi sono ricchi ma l'indipendenza è limitata in questo approccio, la soluzione 3 è più spesso utilizzata per le ballad, che generalmente includono meno sincopi e consentono al pianista più tempo di per trovare voicing densi con più note (da cinque fino a otto). Le tecniche in cui gli accordi sono condivisi tra le due mani sono trattati nei capitoli 9-16.

4. Nascondi o togli alcuni manghi

Esempio A.6
Solo un mango in ogni mano

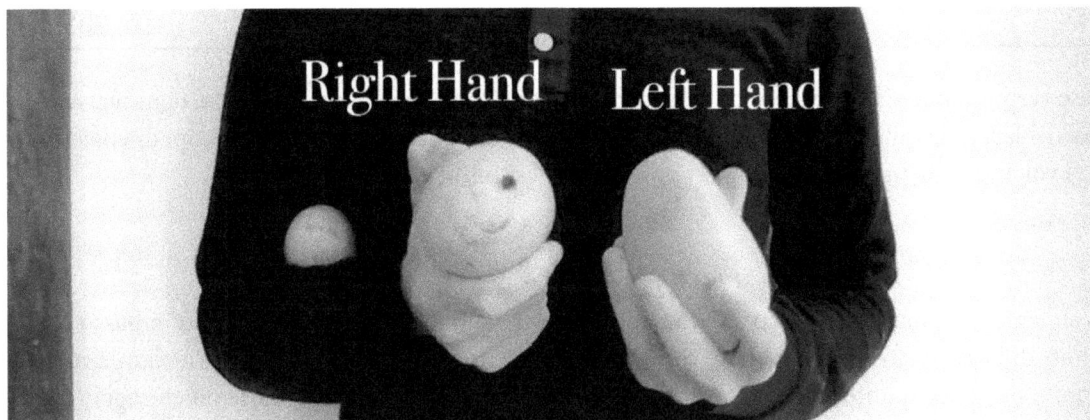

Forse è troppo scomodo portare tutte e tre i manghi fino a casa! Per alcuni momenti musicali, i pianisti scelgono di non includere tutti e tre gli elementi musicali e usarne solo uno o due. A volte, i pianisti cominciano un arrangiamento con solo una linea di basso o solo una melodia. Più comunemente, i pianisti scelgono di omettere il basso per lunghi periodi. il capitolo 8 discute le tecniche che omettono il basso.

5. Destreggiati con i manghi come un giocoliere

Esempio A.7
Manghi in giocoleria

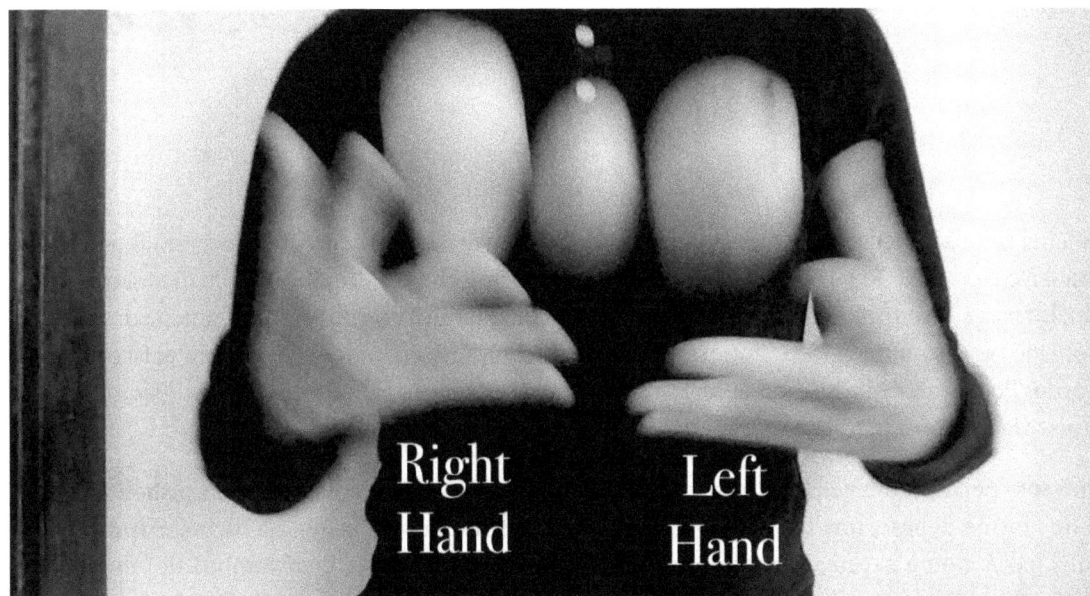

Molti dei grandi pianisti jazz sono così a loro agio con lo spostarsi tra i diversi metodi di suonare la melodia, gli accordi, e il basso che cambiano costantemente la mano con cui si occupano dei vari elementi. Uno stile in cui gli accordi sono a volte suonati dalla destra e a volte dalla sinistra e chiamato da alcuni **l'approccio della terza mano**, un termine associato al pianista Dave McKenna. Anche se gli espedienti e le tecniche di questo libro sono presentate come stili individuali, in verità, molti grandi pianisti mischiano liberamente e fluidamente le varie suddivisioni dei compiti delle mani al pianoforte.

La mano sinistra è spesso responsabile sia del basso che di almeno una porzione degli accordi. Poiché ogni registro del pianoforte si presta a particolari intervalli e funzioni, i pianisti tipicamente scelgono scelgono diversi tipi di voicing per diverse parti del piano. I voicing della mano sinistra possono essere divisi in tre categorie principali.

Note di basso

Le note di basso, generalmente le toniche degli accordi, dovrebbero essere suonate essenzialmente più in basso possibile sul pianoforte. Le note di basso sono spesso suonate come note singole ma possono anche essere armonizzate con le quinte o le ottave sopra al basso. Le quinte forniscono una armonizzazione particolarmente forte poiché aggiungono una sonorità robusta al basso ma hanno un timbro aperto che non suona impastato salvo che nelle note più basse sul piano. Le ottave sono generalmente sono usate per effetti speciali e non dovrebbero rimpiazzare delle armonizzazioni più colorate.

Esempio B.1
Note di basso nel loro registro tipico, armonizzate in tre modi diversi

Bass Shells

Le **bass shells** sono i voicing più usati nella parte media del registro della mano sinistra, grosso modo tra il penultimo Do in basso e il Sol sopra il Do centrale (Do2 e Sol4). Le bass shells sono voicing che combinano la nota di basso e le **note essenziali** di un accordo, la terza e la settima. La terza e la settima sono considerate le note essenziali poiché definiscono la sonorità dell'accordo, cioè, se esso è maggiore, minore, o dominante. Occasionalmente, altre note agiscono come note essenziali dell'accordo. Per gli accordi di sesta, la sesta rimpiazza la settima come nota essenziale. Per gli accordi sospesi, la quarta sostituisce la terza come nota essenziale.

I voicing che consistono solo nella terza e nella settima sopra al basso possono essere chiamati **shell** o **shell voicings**. Le shell possono avere due forme di base, una forma **Tipo A** con la terza sotto la settima, e una forma **Tipo B** con la settima sotto la terza. Il Tipo A non è necessariamente meglio del Tipo B, o viceversa, e entrambi i tipi dovrebbero essere impiegati verso l'obiettivo di raggiungere il voice leading più fluido possibile tra gli accordi. Poiché forniscono il contenuto armonico essenziale, le shell sono tipicamente suonate tra il Do sotto al Do centrale (spesso chiamato Do3) e il Sol sopra il Do centrale (Sol4).

Esempio B.2
Shell che consistono solo nella terza e nella settima

Cmaj7   Amaj7   Dm7   Eb7   Gm7   Bmaj7

Shell Tipo A   Shell Tipo B   Shell Tipo A   Shell Tipo A   Shell Tipo B   Shell Tipo A

Le **two-note bass shells,** a volte chiamate **Bud Powell voicings**, combinano una nota al basso con solo una nota essenziale. Quando si suonano le two-note bass shells, i pianisti possono posizionare la terza dell'accordo sia una terza che una decima sopra alla tonica. Suonare una decima sopra la tonica consente ai pianisti di suonare una più bassa, più sonora nota di basso e di includere la terza dell'accordo in un registro appropriato. Powell usa le two-note bass shells su tracce di piano solista come "Hallucinations" e "Oblivion".

Esempio B.3
Two-note bass shells, chiamate anche Bud Powell voicings

| Two-Note Bass Shells con Terza | Two-Note Bass Shells con Decima | Two-Note Bass Shells con Settima |

G7   Em7   Bbm7   Cmaj7   E7   Gm7   Dm7   Fmaj7   Amaj7

| ii-V-I in Do con Two-Note Bass Shells Cominciando con la Terza | ii-V-I in Do con Two-Note Bass Shells Cominciando con la Settima |

Dm7   G7   Cmaj7   Dm7   G7   Cmaj7

Le decime sono un grande stretch! Se un pianista non può raggiungere una decima, in alcuni casi, aggiungere la nona può aiutare. Se la nona e la terza sono entrambe tasti bianchi o entrambe i tasti neri, il pianista può suonare entrambe le note contemporaneamente con il pollice. Questa tecnica consente ai pianisti di suonare la decima senza inarcare il pollice per evitare di sfiorare la nota adiacente. Anche se aggiungere la nona tecnicamente squalifica il voicing dall'essere chiamato shell voicing, articola ancora chiaramente l'armonia.

Esempio B.4
Aggiungere la nona per raggiungere la decima

G7   Cmaj7   Bmaj7   Dm7

Le **Three-note Bass Shell Tipo A** che consistono di (dal basso verso l'alto) tonica, terza e settima, sono semplici, intuitive, e possono essere suonate da pianisti con qualsiasi tipo di mano. Nota che ogni bass shell è posizionata di modo che le note essenziali cadano nel loro range ideale tra Do3 e Sol4. A causa della posizione delle note essenziali, le bass shell Tipo A solitamente hanno una nota di basso relativamente alta

Esempio B.5
Three-note Bass Shell Tipo A

Le **Three-note Bass Shell Tipo B** che consistono di (dal basso verso l'alto) tonica, settima e terza sono più aperte e possono essere suonate simultaneamente da pianisti con mani più grandi. Solo raramente è possibile per i pianisti suonare un accordo sospeso usando una bass shell tipo B poiché lo stretch tra la più alta e più bassa supera la decima.

Esempio B.6
Three-note Bass Shell Tipo B

Come per le two-note bass shells, i pianisti pragmatici possono suonare entrambe la nona e la decima con il pollice per le bass shells tipo B per facilitare il raggiungimento di intervalli più ampi.

Esempio B.7
Three-note Bass Shell Tipo B con nona aggiunta

Sebbene sia più comune suonare la tonica come nota al basso di una bass shell, la quinta spesso sostituisce la tonica sia per ragioni musicali che pratiche. Per le shell Tipo A, sostituire la tonica con la quinta aiuta il pianista a allargare meno la mano nel registro basso. Quando si suonano le shell tipo B, i pianisti che non possono raggiungere una decima possono evitare uno stretch così ampio sostituendo la tonica con la quinta. Negli accordi dominanti, il tritono (quinta diminuita) può sostituire la tonica, creando una sostituzione di tritono.

Esempio B.8
Three-note Bass Shell con quinta che sostituisce la tonica

Tipo A -
quinta sostituisce
tonica

Tipo B -
tritono sostituisce
tonica

Tipo A -
quinta sostituisce
tonica

Che i pianisti riescano o meno a raggiungere una decima, dovrebbero comunque pianificare di utilizzare le bass shell con le decime nei loro arrangiamenti per raggiungere delle note al basso più profonde e un miglior voice leading. Quando non possono suonare tutte le note di un accordo simultaneamente, i pianisti spesso suonano la nota al basso prima delle note essenziali.

Anche quando si suona un accordo non simultaneo, i pianisti devono trasmettere un ritmo preciso posizionando le note essenziali esattamente sul tempo voluto. A seconda del tempo dello stile, un pianista può sia tenere il pedale in modo che tutte e tre le note dell'accordo siano sentite insieme o affidarsi alla prossimità degli attacchi delle note per creare il senso dell'accordo pieno senza pedale.

In alternativa, un pianista può omettere la nota al basso dell'accordo e suonare solo le note essenziali. Omettere il basso è particolarmente efficace a tempi medi e veloci quando il contesto fornito dalla nota al basso non sarà particolarmente indispensabile.

Esempio B.9
Suonare la nota al basso prima dell'accordo o omettere le note al basso

nota al basso
prima
dell'accordo

nota al basso
prima
dell'accordo

nota al
basso
omessa

nota al basso
prima
dell'accordo

Anche se tutte le note possono essere suonate simultaneamente, i pianisti spesso scelgono di separare il basso e le note essenziali quando accompagnano con una bass shell. Suonando una Ballad, per esempio, un pianista potrebbe alternare ogni tempo in battere tra basso e note essenziali. Si potrebbe mettere il basso sui tempi forti, creando un feel di piano pseudo-stride o si potrebbero mettere le note essenziali sui tempi forti, dando un senso di sincope e anticipazione.

Esempio B.10
Separare basso e note essenziali

basso sui
tempi forti

Shell sui
tempi forti

Bill Evans usa le bass shells frequentemente nelle sue registrazioni di piano solista. Quando accompagna, Evans suona di solito le note essenziali di una bass shell e aggiunge la nota al basso dopo. Oltre a omettere le note al basso, Evans oscura gli accordi ulteriormente sincopando il suo accompagnamento. Ascolta la prima metà di "All the Things You Are/Midnight Mood" da *Alone* per ascoltare Evans che accompagna con le three-note bass shells mentre crea interesse attraverso le sincopi.

Esempio B.11
Bill Evans che accommpagna con gli shell voicings

A volte una nota essenziale può essere combinata con una nota di colore per creare un voicing a tre note che non è una bass shell ma include ancora la nota al basso. Questi voicing dovrebbero essere suonati nello stesso registro delle bass shell (Do2-Sol4) poiché anche esse cavalcano le funzioni di basso e accordo. Sostituire una nota essenziale con una nota di colore è più comune quando ciò permette al basso di rimanere in un registro più basso.

Esempio B12
Altri voicing con note al basso e accordi

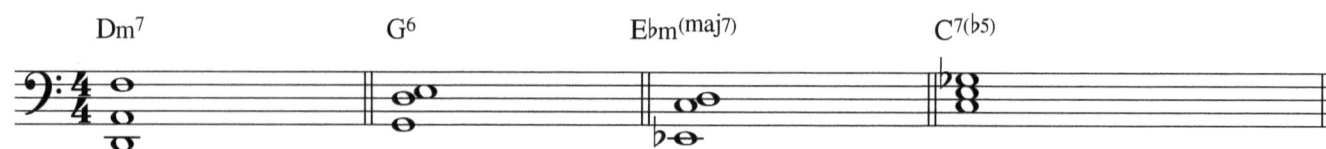

Rootless Voicing

Quando la mano sinistra suona gli accordi intorno al Do centrale, tipicamente suona dei rootless voicing. I **rootless voicing** definiscono l'accordo usando le note essenziali e abbelliscono l'accordo con note di colore o note alterate. Come indica il loro nome, questi voicing tipicamente non includono la tonica, o perlomeno non posizionano la tonica alla base dell'accordo poiché ciò posizionerebbe il basso in un range stranamente alto.

I rootless voicing tradizionali includono la shell (terza e settima) nel range tipico tra Do3 e Sol4. Come gli shell voicing, i rootless voicing sono comunemente chiamati Tipo A se hanno la terza in basso e Tipo B se hanno la settima in basso, anche se non tutti i rootless voicing sono in queste due posizioni. Le **note di colore**, note dell'accordo diverse dalle note essenziali che sono aggiunte per rendere l'accordo più sonoro, bello, o teso, possono essere posizionate sia in mezzo che al di sopra delle note essenziali.

Come si scelgono le note di colore? Ci sono alcune regole da tenere in mente:

- la quinta e la nona sono note di colore appropriate per ogni tipo di accordo
- la tredicesima è una nota di colore appropriata per gli accordi maggiori e dominanti
- l'undicesima è una nota di colore appropriata per gli accordi che hanno una terza minore come gli accordi minore settima, minore sesta, semidiminuiti e diminuiti
- anche se non è molto colorata, è possibile usare la tonica come nota di colore al di sopra della shell
- per gli accordi diminuiti, ogni nota della scala ottotonica tono-semitono può essere aggiunta come nota di colore

Quando aggiungono delle note alle shell di accordi di settima dominante, i pianisti spesso aggiungono delle **note alterate**, note a distanza di un semitono dalle note di colore che servono lo stesso scopo delle note di colore. Le note alterate includono la nona bemolle, la nona diesis, la tredicesima bemolle (quinta aumentata) e la undicesima aumentata (quinta diminuita)

Esempio B.13
Rootless voicing per accordi di varie sonorità

Bm⁷	D⁷	G⁷	A⁶	B⌀⁷
Tipo B	Tipo A	Tipo B nona	Tipo B	Tipo B
quinta aggiunta	nona aggiunta	bemolle e tredicesima bemolle aggiunte	nona e quinta aggiunte	undicesima e quinta (bemolle) aggiunte

D♭maj7	E♭°⁷	Em⁷	C⁶
Tipo A	Tipo A	Tipo A	Tipo A
quinta, tredicesima e nona aggiunte	settima maggiore e nona aggiunte	undicesima e quinta aggiunte	quinta e nona aggiunte

Quando formano dei rootless voicing, i pianisti solitamente evitano di creare delle **pile di terze**, un pattern di intervalli che consiste tutto di terze, come un accordo di settima in posizione fondamentale. Le pile di terze tipicamente pongono un problema nei voicing Tipo A, in cui i pianisti potrebbero sovrapporre terza, quinta, settima, e nona. Per gli accordi di settima maggiori e dominanti, la tredicesima può sostituire la quinta per evitare una pila di terze. Per gli accordi di settima minore, le pile di terze sono ampiamente accettate, ma l'undicesima sostituisce a volte la quinta per evitare una pila di terze.

Esempio B.14
Rootless voicing arrangiati in pile di terze e potenziali soluzioni

Dmaj7	Dmaj7	Em⁷	Em⁷
voicing con pila di terze	tredicesima al posto della quinta	voicing con pila di terze	undicesima al posto della quinta

Poiché i rootless voicing non posizionano la tonica in basso, spesso sono suonati in alternanza con la nota al basso o la bass shell per esprimere la tonica dell'accordo in modo udibile e riempire il range del basso. Nello stride piano, per esempio, i pianisti alternano ogni tempo tra basso o bass shell sui tempi forti e rootless voicing sui tempi deboli.

Per creare degli accordi più grandi o accordi che si espandono nella chiave di violino, i pianisti tipicamente suonano o la bass shell o un rootless voicing nella mano sinistra e aggiungono degli accordi nella mano destra. Questi accordi nella mano destra sono generalmente scelti per incorniciare la nota della melodia ed evitare eccessivi **raddoppi** con la mano sinistra. In altre parole, i pianisti cercano di suonare più note diverse possibile tra mano destra e mano sinistra.

Oltre agli shared-hand voicing, discussi ampiamente nei capitoli 9-10, i pianisti comunemente armonizzano le melodie mettendo una o due note sotto la melodia o aggiungendo un'ottava sopra la melodia. Le ottave possono essere lasciate aperte o riempite con una, due o tre note. Suonare un'ottava sopra ad una bass shell della mano sinistra o ad un rootless voicing è chiamato a volte **stile shout chorus**

Esempio B15
Bass shell e rootless voicing con mano destra armonizzata

In generale, accordi spessi della mano destra suonati in chiave di violino senza una bass shell o un rootless voicing a supporto suonano vuoti e privi di sostegno. Per esempio, se l'accordo nella mano destra è suonato con solo una nota al basso o una quinta in basso, l'accordo suonerà vuoto poiché manca delle note essenziali nel loro range tipico.

Esercitarsi con le Tre Posizioni della Mano Sinistra

I bravi pianisti cambiano forma della mano e tipo di voicing a seconda del registro in cui stanno suonando. Esercitati nel presentare lo stesso accordo in registri diversi, tenendo in mente che i tipi di intervallo devono cambiare a seconda della tua posizione sullo strumento

Esempio B.16
Due accordi presentati in diversi registri

ESERCITARSI NEL PIANO JAZZ SOLISTA   XXI

Lo Stride Piano è uno stile di pianoforte in cui la mano sinistra si alterna tra la parte bassa e alta della progressione di accordi. Stile prediletto dei primi pianisti jazz solisti, lo stride è il fondamento su cui si basa la tradizione del piano jazz solista. Anche se pochi grandi jazzisti moderni eseguono lo stride nel modo tradizionale, la maggior parte dei jazzisti seri hanno studiato almeno un po' di stride piano.

Le Basi del Ragtime

Il **Ragtime** è una versione primordiale dello stride piano prevalentemente scritta anziché improvvisata. Nel ragtime tradizionale il basso è suonato in ottave sui battiti forti (l'uno e il tre) e gli accordi, solitamente triadi o accordi di settima dominante, sono suonati nella parte media, intorno al Do centrale, sui battiti deboli (il due e il quattro). Lo stereotipo del piano stride pone la nota fondamentale dell'accordo sull'uno e la quinta sul tre (vedi esempio 1.1.). L'alternanza tra la nota fondamentale e la quinta è comune a molti stili di musica folk inclusa la polka e il bluegrass.

Esempio 1.1
Stride con alternanza tonica-quinta

Nota alcune cose nel semplice esempio sopra:

- Nella seconda misura, la quinta e posizionata sull'uno al posto della tonica. Perché? Perché il Sol nel basso sarebbe stato ripetuto per due templi forti di seguito, una ripetizione che è di solito evitata nello stride.

- A volte la tonica è suonata più in alto rispetto alla quinta, come nella misura uno, e a volte è suonata più in basso, come nella misura quattro. Scgliere quale nota va su è una scelta del pianista, ma un fattore da considerare è il range. Se la nota più bassa si trova nella parte bassa del range del basso, intorno al Sol1 o più giù, ascendere alla quinta è più logico mentre quando la tonica si estende verso il range del tenore, intorno al Do3 o più su, è vero il contrario.

- Quando gli accordi cambiano più volte in una misura, come avviene nella misura tre, i pianisti generalmente suonano la tonica di ogni nuovo accordo. In generale, gli ascoltatori non capiscono completamente un accordo a meno che non sentano chiaramente una nota al basso per segnalare il cambio di accordo.

- La nota più bassa del basso si trova grosso modo tra il Fa1 e il Fa3, e gli accordi si trovano tutti a cavallo del Do centrale.
- Originariamente, lo stride era un tentativo dei pianisti di imitare le bande di fiati della fine del XIX secolo. La parte bassa degli accordi imita le tube e gli eufoni mentre la parte alta dell'accordo imita i corni francesi e i tromboni. Non è difficile vedere una connessione tra un rag di Joplin e una marcia di Sousa - Joplin semplicemente aggiunge un po' di sincopato!

Aggiungere Colore

I grandi pianisti *stride* della tradizione del jazz aggiungevano più colore sia alla parte bassa che alla parte alta dell'accordo.

I pianisti jazz aggiungono spesso una seconda nota alla parte bassa dell'accordo per solidificare l'armonia. La più comune armonizzazione è una **decima**, un'ottava più una terza, sopra la tonica (vedi esempio 1.2). Altre comuni armonizzazioni includono una settima, una nona, una quinta, e una sesta.

Esempio 1.2
Stride con colore aggiunto sui tempi forti

A volte, i pianisti aggiungono note ai tempi forti per creare accordi di tre o quattro note (vedi esempio 1.3).

Esempio 1.3
Stride con accordi sui tempi forti

Nell'esempio qui sopra, il primo accordo della misura finale è volutamente limitato a due note. La ragione ha che fare con il **limite dell'intervallo più basso**, il concetto è che man mano che i pianisti suonano in più basso nel range, progressivamente gli intervalli suonano meno armonici. Gli intervalli che sono troppo bassi sono spesso caratterizzati da un suono impastato. Poiché il La si trova così basso nel range del piano, aggiungere troppe note di armonia risulterebbe in un suono cupo. I limiti dell'intervallo più basso possono differire leggermente in base al pianoforte, ma in generale, corrispondono alla tabella nell'esempio 1.4.

Esempio 1.4
Limite dell'intervallo più basso

Mentre la tradizione del ragtime usa principalmente le triadi base e accordi di settima dominante per la parte alta dell'accordo, i pianisti jazz tipicamente creano dei voicings più densi e colorati. Il voicing tipico del jazz sottolinea le due **note essenziali** dell'armonia jazz, la terza e la settima, e aggiunge **note di colore**, come la quinta, nona, e tredicesima, più la undicesima sugli accordi minori (vedi esempio 1.5).

Per gli accordi dominanti, i pianisti aggiungono anche **note alterate**, note a un semitono di distanza dalla quinta o nona, come la quinta bemolle o la nona diesis. A seconda della tonalità e di come esse risolvono, i musicisti jazz a volte chiamano la quinta bemolle undicesima diesis e la quinta diesis tredicesima bemolle. Queste note sono **equivalenti enarmonici**, ciò significa che sono le stesse note sulla tastiera ma con nomi diversi.

Il numero di note in questi voicings varia enormemente a seconda dello stile e del tempo, dalla singola nota per un approccio minimalista a cinque o sei note per un accordo denso. I voicings più comuni hanno tre o quattro note.

Esempio 1.5
Stride con voicings jazz sui tempi deboli

Il **voice leading** (o conduzione delle parti) è la considerazione di melodie lineari all'interno di un movimento armonico. I migliori musicisti danno priorità a un voice leading morbido, cioè alla creazione di connessioni graduali in melodie lineari, mettendo ciò al top delle loro considerazioni musicali. Un voice leading morbido organizza le tensioni e le risoluzioni armoniche in modo che possano essere sentite con chiarezza.

Nota che le teste delle note a forma di diamante nell'esempio 1.6 si muovono o di un grado o stanno sullo stesso grado della scala da un accordo all'altro. La melodia graduale sui tempi forti crea un buon voice leading e enfatizza le connessioni musicali tra gli accordi.

Esempio 1.6
Voice leading nel *piano stride*

La **progressione due-cinque-uno (ii-V-I)** è la più comune nel jazz. Essa comprende gli accordi diatonici di settima costruiti sul secondo, quinto, e primo grado della scala. La maggior parte dei pianisti jazz dedica porzioni significative delle sessioni di esercizio a navigare l'armonia delle progressioni due-cinque-uno perché sa che la progressione si presenterà frequentemente.

L'esempio 1.7 mostra un trucco di voice leading per il la progressione due-cinque-uno che viene comunemente usata dai pianisti stride. In questo trucco, l'accordo sul quinto grado della scala è suonato in secondo rivolto tra il due e l'uno.

Esempio 1.7
Formula per il *voice leading* nello *stride*

Walking Tenths

Il ragtime, come la musica bandistica delle origini, è generalmente in tempo quattro quarti su un **two feel**, ciò significa che il basso suona due volte per ogni misura (due minime). Nel piano jazz stride, i pianisti amano mischiare elementi di un **four feel**. Conosciuto anche come **walking bass**, con quattro note di basso di una semiminima per ogni misura. Le **walking tenths**, in cui il pianista aggiunge le decime al di sopra del walking bass, sono usate frequentemente nel piano stride (vedi esempio 1.8). Le walking tenths creano una connessione graduale molto forte tra le note del basso. Anche se i passaggi di walking tenths possono durare più o meno a lungo a seconda della scelta del pianista, i passaggi di walking tenths solitamente durano tre tempi o cinque tempi perché sono solitamente usate come connessione tra tempi forti.

Esempio 1.8
Walking tenths

Il **walk up** e il **walk down** sono due pattern di basso che creano connessioni graduali tra gli accordi muovendosi secondo il **circolo delle quinte**. Il circolo delle quinte è il movimento più comune nell'armonia occidentale, in cui la tonica si muove di una quinta sopra o sotto. La progressione due-cinque-uno è una delle tante progressioni della tradizione jazz che si muove secondo il circolo di quinte.

Per creare un walk up, sali di un tono e tre semitoni indipendentemente dal fatto che l'accordo sia maggiore, minore, o di settima dominante. Per creare un walk down, scendi usando la scala o modo dell'accordo finché non raggiungi la tonica dell'accordo successivo (vedi esempio 1.9). Il walk up e walk down dovrebbero essere padroneggiati in ogni tonalità.

Esempio 1.9
Walk up e *walk down*

Quando crei delle *walking tenths* per queste linee di basso, comincia sempre con la terza appropriata per l'accordo sul tempo uno. Per i *walk down*, scegli note della scala o del modo dell'accordo corrente, per le note superiori. Per i *walk up*, è necessaria una decima minore sul tempo due, ma le note del basso sul tempo tre e quattro possono essere armonizzate sia con terze maggiori che minori (vedi esempio 1.10).

Esempio 1.10
Walk up e *walk down* con decime sovrapposte

JEREMY'S TIPS
SUONARE GRANDI INTERVALLI CON MANI PICCOLE

Sebbene molti dei grandi pianisti jazz vantino mani grandi, ci sono stati molti grandi senza la capacità di raggiungere una decima. Personalmente, io posso raggiungere alcune decime in modo comodo, alcune solo con difficoltà, e qualcuna è completamente fuori dalla mia portata.

In ogni caso, le decime sono una parte non negoziabile del pianista jazz solista serio e intervalli ampi saranno usati negli esempi nel corso di tutto questo libro. I pianisti con mani piccole non devono disperarsi! I grandi voicings possono essere suonati "rotolando" gli accordi velocemente.

Quando in un intervallo è fuori dalla tua portata, **"rotola"** l'intervallo ponendo la nota più bassa leggermente prima del battere (vedi esempio 1.11). Quando usi il pedale, è importante catturare entrambe le note in un singolo pedale cosicché anche l'armonia sia sostenuta insieme. Molti pianisti che sono nuovi al rotolamento cercano inconsciamente di mantenere la nota bassa - non farlo! Lasciala andare e arriva alla nota alta più velocemente possibile.

Esempio 1.11
Rotolare le decime

In generale, gli accordi sono rotolati verso l'alto cominciando con il basso, con la nota più alta precisamente sul battere. Tuttavia, sentiti libero di esplorare diverse combinazioni di tempo e direzione del rotolamento. Alcuni pianisti scelgono di rotolare verso il basso o cominciano i loro accordi rotolati sul battere in vece di finire sul battere. I pianisti possono anche provare a suonare assieme le due note superiori di un accordo di tre note seguendo note separate di basso (vedi esempio 1.12). Tuttavia, gli accordi dovrebbero essere ritmici e veloci con alcune parti dell'accordo che atterrano precisamente sul battere per evitare un accompagnamento impreciso o ritmicamente ambiguo.

Esempio 1.12
Rotolare accordi di tre note

Con tutte queste possibili variazioni, usare il rotolamento per suonare intervalli ampi può alla fine essere usato a vantaggio del pianista. I rotolamenti possono definire o accentuare lo stile di un pianista e creare varietà in un contesto *stride*

Per un ulteriore approfondimento

Byard, Jaki. "When Lights are Low." *Parisian Solos.* Future, 1971.
Johnson, James P. *The Original James P. Johnson, 1942-1945: Piano Solos.* Smithsonian, 1996.
Monk, Thelonious. "Dinah." *Solo Monk.* Columbia, 1965.
Tatum, Art. *Piano Starts Here.* Columbia, 1968.
Wilson, Teddy. *Solo Piano: The Keynote Transcriptions.* Storyville, 1997.

2. VARIANTI DI STRIDE PIANO

Modificare anche piccoli aspetti della cornice del piano stride espande enormemente le possibilità per il piano-forte solista.

Aggiungere Skip Beat e Note Tenute

Un modo per abbellire il piano stride è includere gli **skip beat**, note sul levare che conducono al successivo battere. Poiché gli ottavi sincopati sono il fondamento del ritmo swing, questi skip beat approfondiscono il senso di swing nell'accompagnamento. In alcuni casi, gli skip beat anticipano la nota di un accordo successivo e sono tenute finché viene suonato il resto dell'accordo. Gli skip beat tenuti, che conducono a un qualsiasi tempo della misura, possono anticipare la nota più bassa, più alta, o addirittura una nota interna di un accordo (vedi esempio 2.1).

Esempio 2.1
Skip beat tenuti

Gli skip beat possono anche condurre a una nota nell'accordo successivo procedendo per gradi, sia **cromaticamente**, per semitoni, sia **diatonicamente**, usando la scala dell'accordo (vedi esempio 2.2). Solitamente, questi skip beat anticipano la parte bassa dell'accordo e conducono alla nota nel basso, nonostante altri usi siano possibili. È comune usare solo uno skip beat, ma occasionalmente un pianista ne userà due, creando terzine di ottavi.

Esempio 2.2
Skip beat che conducono a note dell'accordo successivo

Gli accordi possono essere anch'essi degli skip beat. Un pianista può ripetere l'accordo precedente per creare uno skip beat o può creare un nuovo accordo muovendo le note di semitono dalla nota dell'accordo a cui si tende. Se le note del nuovo accordo sono mosse tutte in modo uniforme di un semitono in su o di un semitono in giù rispetto alle note dell'accordo a cui si tende, le note si muoveranno nella stessa direzione, il che si chiama **moto parallelo** (vedi esempio 2.3). Se alcune delle note si muovono di semitono sopra il voicing originale e alcune sono mosse un semitono sotto, le note risolveranno in direzioni opposte, il che è conosciuto come **moto contrario**. Il concetto correlato the sidestepping sarà discusso nel capitolo sei.

Esempio 2.3
Accordi come *skip beats*

Esempio 2.4
L'Accompagnamento *Piece Piece*

Ovviamente, ci sono molte altre possibilità per i pattern di stride all'interno di una misura di quattro quarti (vedi esempio 2.5). Ecco alcune comuni variazioni:

1. **Piece Piece al contrario**, alto-basso-basso-alto

2. **Stride al contrario,** alto-basso-alto-basso

3. **Pausa sull'uno,** una tecnica specialmente efficace nello stride veloce che dà all'ascoltatore una sorpresa e al suonatore un momento per respirare. Riposando sul battere, il pianista ha tre tempi (alto-pausa-alto) in cui non deve raggiungere il range basso della tastiera.

4. **Tre Più Tre Più Due**, un pattern in ottavi che consiste di due misure di accompagnamento tipo valzer (basso-alto-alto) e poi un singolo pattern basso-alto

L'Accompagnamento Piece Piece e Altri Pattern di Stride

Sebbene alternare tra la parte bassa dell'accordo sui tempi forti e la parte alta nei tempi deboli formi il fondamento del piano stride, i pianisti possono scegliere di variare i loro pattern di stride, cioè le loro formule per muoversi tra la parte bassa e alta di un accordo. L'accompagnamento Piece Piece, una delle variazioni più famose, prende il suo nome dall'accompagnamento di Bill Evans sulla sua composizione, "Piece Piece" dall'album *Everybody loves Bill Evans*. Su questa traccia, Evans improvvisa su un pattern ripetuto di basso-alto-alto-basso invece che sul pattern tipico che alterna basso-alto-basso-alto (vedi esempio 2.4). Oltre a "Piece Piece" famose performance che usano questo stile di accompagnamento includono la versione di Evans di "Some Other Time" e l'arrangiamento di Hank Jones di "The Very Thought of You".

Esempio 2.5
Altri pattern di *stride*

Invece di alternare tra la parte alta e bassa dell'accordo, i pianisti possono suonare esclusivamente in un registro per creare un effetto di "strumming" ripetuto (vedi esempio 2.6). I quarti ripetuti in un singolo registro sono frequentemente riferiti nei circoli di jazz come accompagnamento alla Freddie Green, dal leggendario chitarrista dell'Orchestra di Count Basie che era conosciuto per il suo strumming in quarti. In questo stile, i pianisti possono rotolare gli accordi per mimare la pennata della chitarra o suonare gli accordi simultaneamente per un suono tipico del rullante di una marching band. Per ascoltare questi pattern usati efficacemente, ascolta la versione di "Satin Doll" di Earl Hines dal *Live at the New School*, dove mescola lo stile di accompagnamento di Freddie Green con il piano stride.

Esempio 2.6
Accompagnamento alla Freddie Green

Sebbene sia più comune posizionare i quarti su tutti e quattro i tempi quando si accompagna nello stile di Freddie Green, è possibile lasciar fuori qualche beat, come fa Gene Harris nella sua registrazione di "Lu's Blues" (vedi esempio 2.7).

Esempio 2.7
Accompagnamento alla Freddie Green omettendo dei beat

Aggiungere Anticipazioni

Tutto ciò presume che la mano sinistra sia limitata alle note in quarti. Anticipare gli elementi del piano stride, cioè, suonarli un ottavo in anticipo, apre ulteriori possibilità. Se gli accordi sono anticipati in un pattern basso-alto-basso-alto, si muoveranno dal beat due al levare dell'uno e al levare del tre (vedi esempio 2.8).

Esempio 2.8
Aggiungere anticipazioni agli accordi

Questo accompagnamento sembra rilassato o tenuto indietro. Per creare un senso di maggiore tensione in avanti, anticipa le due parti basse dell'accordo, spostandole sul levare del due e del quattro, come mostrato qui sotto (vedi esempio 2.9).

Esempio 2.9
Aggiungere anticipazioni alle note del basso

È anche possibile anticipare ogni singolo beat nella misura, spostando l'accompagnamento tutti e quattro i levare (vedi esempio 2.10). Ascolta la performance di "A Smooth One" di Erroll Garner da *Afternoon of an Elf* per ascoltare un pianista che anticipa ogni beat.

Esempio 2.10
Anticipare ogni beat

Mischiando il tipico stride con walking tenths, skip notes, variazioni di pattern stride, e anticipazioni, non è difficile capire come il piano stride può avere una varietà quasi infinita. L' esempio 2.11 dimostra come si possano combinare alcuni di questi concetti per uno stile stride molto vario.

Esempio 2.11
Usare *walking* tenths, skip notes, e variazioni di pattern *stride*

Le diverse combinazioni di basso e accordo possono servire a molte funzioni pratiche; possono aggiungere varietà musicale e sincope ritmica, dare alla mano sinistra del pianista una pausa quando necessario, e aiutare a distinguere tra le sezioni musicali.

I pianisti possono usare le note più alte del beat uno e tre e le note più basse del beat due e quattro come note ancora. Una nota ancora è una nota che un pianista può trovare facilmente e che serve come base per trovare le note intorno. Usare note ancora aiuta il pianista a suonare stride istintivamente piuttosto che affidandosi troppo alla vista. Nota che le note a forma di diamante nell'esempio 2.12 sono o la stessa nota o si muovono di grado. La prossimità delle note ancora è tipica per lo stile stride. Fai esercizio solo sulle note a forma di diamante con la diteggiatura corretta per coreografare il movimento complessivo della mano sinistra senza lo stress di riempire il resto dei voicings. Per una ulteriore padronanza, suona le note ancora con gli occhi chiusi per fare esercizio nel suonare stride senza guardare la mano sinistra.

Esempio 2.12
Usare le note in mezzo come note ancora

Ora, esercitati a suonare il beat uno e tre completamente ma suona solo le note a forma di diamante per i beat due e quattro, come mostrato nell'esempio 2.13.

Esempio 2.13
Come esercitarsi usando le note in mezzo come note ancora

Esercitandosi con le note ancora aiuta ad aumentare l'accuratezza del pianista e la sua fiducia nel concentrarsi sulle connessioni tra le parti bassa e alta dell'accordo piuttosto che sulle distanze a volte enormi che il pianista sente di dover unire nel piano slide.

Per un ulteriore approfondimento

Evans, Bill. "Peace Piece." *Everybody Digs Bill Evans*. Riverside, 1958.

Evans, Bill. "Some Other Time." *The Tony Bennett / Bill Evans Album*. Fantasy, 1977.

Garner, Erroll. "A Smooth One." *Afternoon of an Elf*. Mercury, 1955.

Harris, Gene. "Lu's Blues." *At Maybeck*. Concord, 1993.

Hines, Earl. *Live at the New School*. Chiaroscuro, 1973.

Jones, Hank. "The Very Thought of You." *Live at Maybeck*. Concord, 1992.

Jones, Hank. "Oh, Look at Me Now." *Live at Maybeck*. Concord, 1992.

Wilson, Teddy. *With Billie in Mind*. Chiaroscuro, 1972.

3. SUONARE IL *PIANO STRIDE*

Il piano stride non è solo pattern di mano sinistra. Questo capitolo esplora gli altri elementi che rendono unico il piano stride.

Gli Accordi di Settima Diminuita - Il Tessuto Connettivo del Piano Stride

Gli accordi di settima diminuita, accordi simmetrici di quattro note costituiti da terze minori sovrapposte, sono incredibilmente utili nel piano jazz e sono molto comuni nello stile stride. I pianisti spesso aggiungono accordi diminuiti per connettere le armonie anche quando non sono specificati nello spartito. Ci sono tre funzioni dell'accordo diminuito che ogni pianista deve conoscere per suonare efficacemente il piano stride.

L'**accordo diminuito di passaggio** armonizza le note del basso quando si muovono tra le note degli accordi (vedi esempio 3.1). Gli accordi diminuiti di passaggio possono essere usati sia per linee di basso ascendenti che discendenti.

Esempio 3.1
Accordi diminuiti di Passaggio

Il settimo accordo di settima diminuita (vii o7) si basa sulla nota sensibile dell'accordo verso cui tende. Nel piano stride, il settimo accordo di settima diminuita e i suoi rivolti sono usati per condurre di grado nell'accordo successivo o nota di basso (vedi esempio 3.2). Gli accordi di settima diminuita sul settimo grado a volte fungono da accordi di passaggio diminuiti, come il do diesis di settima diminuita nell'esempio 3.1.

Esempio 3.2
Il settimo accordo di settima diminuita

Un **accordo diminuito con nota in comune** è un accordo diminuito che si basa sulla stessa tonica dell'accordo primario e abbellisce l'accordo primario o ritarda il suo arrivo (vedi esempio 3.3). Questo tipo di accordo aggiunge colore e tensione a una progressione.

Esempio 3.3
Accordi diminuiti con nota in comune

Sebbene gli accordi negli esempi sopra siano scritti con precisione tecnica, gli accordi diminuiti sono **accordi simmetrici**, i cui pattern di intervalli si ripetono all'infinito. Per cui, sarebbe facile denominare questi accordi secondo la loro nota al basso, come scritto nell'esempio 3.4. Non farti ingannare, gli accordi servono la stessa funzione indipendentemente da come sono chiamati.

Esempio 3.4
Denominare gli accordi diminuiti

Break e Stili della mano destra

I **break**, in cui la mano sinistra si ferma nel suo andare avanti e indietro per consentire un fill della mano destra, sono parte integrante della tradizione stride. I break danno alla mano sinistra del pianista qualche beat per riposare mentre consentono al pianista di includere la sua tecnica di mano destra virtuosistica. I pianisti usano più comunemente i break nelle ultime due misure di una sezione di otto o 16 misure. La mano sinistra di solito si riposa o tiene le note per la durata del break, anche se può occasionalmente unirsi alla mano destra per una cascata virtuosistica in giù o aiutare a condurre verso la sezione successiva.

Ci sono infiniti modi di riempire un break, e un vero studio di questa forma d'arte richiederebbe un suo proprio libro enciclopedico. Uno schema utile per creare line di mano destra è suonare un break in tre parti che consiste in un abbellimento, un arpeggio, e un lead-in (vedi esempio 3.5):

1. **Abbellimento**: un mordente, un'inclusione, un lead-in cromatico per decorare la nota iniziale.

2. **Arpeggio**: Una cascata costituita dalle note dell'accordo lungo più ottave. L'arpeggio può essere unidirezionale o può avere una forma più interessante.

3. **Lead-in**: Un gesto musicale che porta la musica dolcemente verso la melodia e il tessuto stride. Solitamente, un lead-in aggiunge movimento armonico per far tornare la musica verso l'armonia data. Nell'esempio 3.5, una progressione due-cinque sottintesa favorisce la risoluzione alla tonica.

Esempio 3.5
Formule di *break*

Art Tatum e altri pianisti stride solitamente suonano gruppi di tre note che limitano o eliminano i passaggi sopra e sotto del pollice. La maggior parte dei pianisti trova più facile suonare run veloci senza dover riposizionare la mano dopo aver passato il pollice sopra o sotto (vedi esempio 3.6). I gruppi di tre note possono entrare nel beat come terzine o possono creare delle **emiole**, gruppi di note che non entrano in modo pari nel tempo in chiave, come ottavi o sedicesimi.

Esempio 3.6
Gruppi di tre note per i *break*

Mentre la mano sinistra suona un accompagnamento stride, la mano destra è libera di suonare melodicamente o aggiungere note all'accordo. Oltre a suonare melodie di note singole, la mano destra può suonare ottave o armonie come terze e seste (vedi esempio 3.7). I pianisti stride spesso riempiono la cornice di un'ottava con note dell'accordo per creare **voicing stretti**. I voicing stretti saranno discussi in maggiore dettaglio nel capitolo otto.

Esempio 3.7
Stili per la mano destra

Uno stile per la mano destra molto stereotipato nello stride implica accordi in posizione stretta divisi in nota superiore, note al centro, nota al basso, usando queste tre parti per creare ritmi in ottavi che sottolineano l'accordo (vedi esempio 3.8). Tipicamente, questo pattern comincia con un'anticipazione del battere sul levare del due o levare del quattro.

Esempio 3.8
Mano destra stride stereotipata

I migliori pianisti stride solitamente mischiano gli stili della mano destra. Un modo per creare una mano destra varia è pensare come un arrangiatore che scrive per una big band. Dove suonerebbero i fiati all'unisono? In armonie dense? Usando il contrappunto? Per cogliere ispirazione e per idee di mano destra, ascolta le registrazioni delle grandi big band come quelle di Ellington e Basie, o le produzioni dei grandi arrangiatori, come Nelson Riddle, Benny Carter, o Sammy Nestico.

Il Piano Stride i Tre Quarti

Anche se non così comune come suonare in quattro quarti, è possibile suonare il piano stride in tre quarti. Una versione comune del piano stride in tre quarti è il valzer, che ha un semplice pattern basso-alto-alto. Il valzer jazz usa lo stesso pattern stride del valzer ma anticipa l'accordo sul secondo tempo (vedi esempio 3.9). Il valzer jazz è più sincopato e ha più pulsione ritmica rispetto al più dolce pattern del valzer tradizionale.

Esempio 3.9
Il valzer jazz

Un pattern stride basso-alto-basso, in cui la nota finale del basso conduce al battere, è efficace in tre quarti perché pone enfasi sul lead-in verso il battere dell'uno (vedi esempio 3.10). In questo pattern stride il beat due è spesso anticipato.

Esempio 3.10
Il valzer jazz con basso-accordo-basso

Nota che nell'esempio 3.10, l'alternanza tra il valzer standard e il valzer jazz crea in effetti un pattern stride di due misure. I pianisti spesso alternano i pattern stride in tre quarti perché i gruppi di sei beat creano il feeling di una frase più lunga.

JEREMY'S TIPS:
PIANO STRIDE LENTO E VELOCE

Una ballad in piano stride è un brano suonato in tempo lento usando lo stile stride nella mano sinistra. Le ballad di piano stride sono uniche perché sono solitamente suonate con ottavi swing, mentre la gran parte delle altre ballad sono suonate con ottavi normali. La versione di Thelonious Monk di "Ask Me Now" da *Solo Monk* e la versione di Teddy Wilson di "Body and soul" da *With Billy in Mind* sono grandi esempi di ballad di piano stride. Le ballad di piano stride tipicamente, anche se non sempre, usano un pedale costante e accordi densi.

Quando i pianisti suonano il piano stride in un tempo veloce, a volte abbassano la difficoltà tecnica inerente alla mano sinistra scegliendo la parte bassa e alta dell'accordo che entra nella posizione di una sola mano (vedi esempio 3.10). Per adeguare queste parti alla posizione di una singola mano, un pianista può usare note singole per la parte bassa dell'accordo e voicing di due note o una nota singola per la parte alta dell'accordo.

Esempio 3.11
Suonare il piano *stride* veloce

Per un ulteriore approfondimento

Monk, Thelonious. "Ask Me Now." *Solo Monk*. Columbia, 1965.
Peterson, Oscar. "Someone to Watch Over Me." *My Favorite Instrument: Exclusively for My Friends*. MPS, 1968.
Sinatra, Frank. *The Nelson Riddle Years*. West End, 2007.
Tatum, Art. "Tea for Two." *Piano Starts Here*. Columbia, 1968.
Waller, Fats. "The Jitterbug Waltz." RCA Victor, 1942.
Wilson, Teddy. "Body and Soul." *With Billie in Mind*. Chiaroscuro, 1972.

4. TECNICHE DI *STRIDE* AVANZATE

Varietà nella Tecnica del Pedale nello Stride Piano

La tecnica del pedale può fare tutta la differenza in una performance di piano stride. Non c'è un unico modo corretto di usare la tecnica del pedale per il piano stride. Piuttosto, l'uso del pedale differisce enormemente a seconda del pianista, del tempo, e del momento musicale. Thelonious Monk quasi mai usa il pedale quando suona il piano stride. Hank Jones usa la tecnica del pedale in modo molto poco prevedibile e apparentemente quasi casuale. Kenny Barron usa il pedale per creare contrasto tra le diverse sezioni musicali. Ci sono quattro scelte principali nella tecnica del pedale per il piano stride (vedi esempio 4.1):

1. Niente pedale

2. Connettere ogni beat

3. Connettere i beat forti ai beat deboli

4. Connettere i beat deboli ai beat forti

Esempio 4.1
Variazioni nel pedale *stride*

Ognuna di queste scelte scaturisce in un effetto diverso. Mentre omettere il pedale crea silenzi nella musica che può essere percepita come asciutta e quasi sarcastica, connettere ogni beat generalmente suona raffinato. Connettere i beat forti suona come lo stile di marcia *oom-pah* alla Sousa mentre il contrario enfatizza il backbeat, evocando un groove nello stile di new Orleans.

I più grandi pianisti stride mischiavano gli stili della tecnica del pedale non solo nel loro repertorio ma anche frequentemente in un singolo brano, addirittura a volte all'interno di una singola misura. I pianisti dovrebbero familiarizzare con tutte le scelte di tecnica del pedale e fare esercizio a spostarsi attraverso gli stili a piacimento.

Usare Raggruppamenti Dispari

I pianisti avanzati possono creare tensione usando raggruppamenti (o gruppi) dispari nella mano sinistra. I più comuni raggruppamenti dispari in quattro quarti posizionano il beat in gruppi di tre o cinque (vedi esempio 4.2). All'interno di questi gruppi, c'è la possibilità di varie variazioni del pattern stride. Per esempio, un gruppo di tre può essere suonato con un una parte dell'accordo bassa e due alte o con due basse e una alta. Poiché questi gruppi dispari non si allineano in modo pulito con i cambi di accordo il pianista deve decidere se anticipare o ritardare alcuni accordi o semplicemente cambiare armonia durante il gruppo stesso.

Esempio 4.2
Raggruppamenti dispari nel *piano stride*

I pianisti possono mischiare gruppi di tre, quattro e cinque per creare pattern di stride veramente imprevedibili. Earl Hines è un maestro nel mischiare i gruppi. Ascolta la sua versione di "Embraceble You", dall'album *Plays Gershwin* cominciando intorno a 1:40 per sentire le sue diverse enfasi ritmiche in un contesto stride. Uno degli esempi moderni più accattivanti nel mischiare i gruppi è il solo di Fred Hersch dal suo duetto con Nancy King su "Ain't Misbehaving" da *Live at the Jazz Standard*. Durante il solo di Hersch è difficile tracciare i beat in quattro quarti perché Hersch mischia il metro dei suo pattern stride molto fluidamente. La pianista Joanne Brackeen impiega gruppi dispari nella sua versione di "If I Were A Bell" da *Popsicle Illusion* per ragioni diverse. Poiché l'arrangiamento di Brackeen è in un tempo di sette quarti, lei ha bisogno di mischiare i gruppi di stride per riempire la misura nel modo giusto.

Lo Stride Oltre le Note da un Quarto

I pianisti stride non devono essere rigidi nel mantenere note da un quarto come unità ritmica primaria. Per esempio, possono andare dentro e fuori un **double-time feel**, suonando come se il tempo fosse raddoppiato senza cambiare il ritmo degli accordi (vedi esempio 4.3). In un double-time feel le note da un quarto nella mano sinistra diventano ottavi.

Esempio 4.3
Double-time feel nel piano stride

I pianisti possono creare emiole alternando tra la parte bassa e alta dell'accordo in altre unità ritmiche come semiminime puntate o minime puntate (vedi esempio 4.4)

Esempio 4.4
Emiole nel *piano stride*

Infine, i pianisti possono scegliere di suonare stride usando un **gruppo irregolare**, una divisione non comune del beat come una terzina o una quintina, per un cambio ritmico inaspettato (vedi esempio 4.5).

Esempio 4.5
Gruppi irregolari nel *piano stride*

Poiché gli accordi non sempre si allineano con l'inizio dei gruppi irregolari della mano sinistra, il pianista deve scegliere se ritardare o anticipare la struttura armonica. Occasionalmente, un pianista userà poliritmi per creare una **modulazione metrica**, passando dolcemente ad un altro tempo o ad un altro metro cambiando il valore della nota da un quarto.

Esempio 4.6
Combinare raggruppamenti dispari e gruppi irregolari

Voci Interne

Un'altra opportunità per raggiungere ricchezza attraverso la complessità nel piano stride è creare melodie tra le note ancora (vedi esempio 4.7).

Come esercizio introduttivo, pratica l'evidenziazione di una scala cromatica tra la parte bassa e alta dell'accordo. Nell'esempio 4.7, la nuova melodia ha un proprio pentagramma per chiarezza. Assicurati di sottolineare la melodia di singole note cromatiche attraverso il **voicing**, inteso qui come l'arte di rendere una nota di un accordo prominente rispetto alle altre.

Esempio 4.7
Creare una melodia interna mentre si suona il *piano stride*

Ci sono molti modi di incorporare questo concetto in un brano musicale. Io uso nella mia mano sinistra solamente adattamenti di "Single Petal of a Rose" e di "Just Squeeze Me". L'esempio 4.8 mostra una trascrizione delle prime quattro misure del mio assolo su "Single Petal of a Rose". Per alcune di queste note legate, la mia mano esegue un passaggio inusuale che porta il mio secondo, terzo e quarto dito sopra il pollice mentre esso mantiene la nota della melodia.

Esempio 4.8
Assolo stride su "Single Petal of a Rose"

Db△7   Ebm7   E°7   Db△7/F   Gb   Db△7/Ab   Ab7(b9)

Queste melodie interne possono anche essere usate come contromelodie quando la mano destra suona la melodia principale (esempio 4.9). Quando si crea una contromelodia, è probabilmente più saggio mantenere la linea interna come melodia che si muove per gradi. La melodia nell'esempio 4.9 può essere suonata con o senza sincope.

Esempio 4.9
Formare una semplice melodia interna con lo stride

Choro - Il Piano Stride Brasiliano

Lo choro è uno stile brasiliano analogo al ragtime americano. Lo choro più tipico usa un pattern della mano sinistra che pone le note di basso sul beat uno e tre e gli accordi su tutti e quattro i tempi in levare (vedi esempio 4.10). Lo stile di choro tipicamente viene percepito come allegro ed energico, più indicato per il samba e le canzoni veloci piuttosto che per le *bossa nova* e le ballad.

Esempio 4.10
Accompagnamento choro standard

C6   A7(b9)   Dm7   G7   Em7   A7

Gli accordi sul levare del due e del quattro solitamente anticipano l'armonia del battere successivo, dando alla musica un senso di gioia e di propulsione in avanti. Quando suoni musica brasiliana, assicurati di essere leggero sugli accordi in levare. Può aiutare pensare di suonare i tempi in levare con un moto in su, come per colpire una palla da spiaggia verso l'alto.

Così come il piano stride americano non è limitato allo stile tradizionale dell'accompagnamento oom-pah, i grandi pianisti brasiliani accennano solamente al pattern basilare del *choro*. Un album che dimostra l'autentico stile di *choro* brasiliano sul pianoforte è *No Tempo da Cinquinha* di Hércules Gomez, in cui Gomes esegue la musica di Cinquinha Gonzaga.

Gonzaga fu uno dei compositori originali di *choro* e tra i primi a scrivere *choros* per il piano. Inoltre, fu la prima donna direttore d'orchestra in Brasile!

Al di là della sfera tradizionale brasiliana, "Chorinho", di Lyles Mays, è un brano incredibile che usa il pattern della mano sinistra del choro ma aggiunge l'armonia del jazz moderno e line virtuosistiche della mano destra.

JEREMY'S TIPS -
ESERCIZI AVANZATI DI STRIDE

Diventare un pianista stride veramente abile richiede esercizio creativo. I due esercizi qui sotto aiutano a migliorare l' accuratezza e velocità della mano sinistra.

È una coincidenza che Art Tatum, uno dei più grandi pianisti stride di sempre, era quasi cieco? Forse. Ma ogni pianista stride deve sviluppare un senso della tastiera senza affidarsi troppo alla vista. Ecco perché i pianisti dovrebbero praticare il piano stride bendati. Una mascherina da notte economica è perfetta per fare pratica bendata. Una volta bendato, pratica la mano sinistra da sola prima di tentare di suonare con entrambe le mani insieme. Per strano che possa sembrare, aiuta ascoltare e visualizzare le note o l'accordo prima di muoversi.

Un altro esercizio utile per far pratica di piano stride è esercitarsi nel saltare un'ottava o due in più tra la parte bassa e la parte alta dell'accordo (vedi esempio 4.11). Saltare distanze più larghe forza il pianista a muoversi più velocemente e attiva un gruppo differente di muscoli rispetto a quello che sarebbe usato per salti più corti. I pianisti generalmente trovano che suonare stride normalmente diventa molto più facile dopo aver praticato ampi salti, come un giocatore di baseball che si esercita nello swing con un peso aggiuntivo sulla mazza sente che la mazza è più leggera quando rimuove il peso in eccesso.

Esempio 4.11
Saltare un'ottava aggiuntiva

Per un ulteriore approfondimento

Brackeen, Joanne. "If I Were a Bell." *Popsicle Illusion*. Arkadia Jazz, 2000.
Fortner, Sullivan and Salvant, Cecile McLorin. "The Gentleman is a Dope." *The Window*. Mack Avenue, 2015.
Garner, Erroll. "Is You Is My Baby." *Afternoon of an Elf*. Mercury, 1955.
Gomes, Hercules. *No Tempo da Chiquinha*. Self-released, 2018.
Hersch, Fred and King, Nancy. "Ain't Misbehavin'." *Live at the Jazz Standard*. Max Jazz, 2006.
Hines, Earl. "Embraceable You." *Earl Hines Plays George Gershwin*. CJ, 1973.
Mays, Lyle. "Chorinho." *Street Dreams*. Geffen Records, 1998.
Siskind, Jeremy. "Single Petal of a Rose." YouTube, 2019.

5. DALLO STRIDE AL COMPING

Allentando il ritmo del piano stride, i pianisti possono creare accompagnamenti che sono meno impegnativi tecnicamente, più spaziosi ritmicamente, e che suonano più moderni rispetto al piano stride basato su note da un quarto. Mentre questi stili di accompagnamento si muovono ancora tra parte bassa e alta dell'armonia, lasciano più spazio e includono più varietà ritmica rispetto allo stile stride.

Lo Stride e i ritmi essenziali del Comping

Comping è una parola usata per descrivere l'accompagnamento improvvisato di un pianista jazz. Quando i pianisti aggiungono sincopato e spazio ai pattern di stride, la loro mano sinistra sta essenzialmente accompagnando loro stessi come se fossero in coppia con un solista. Un buon punto di partenza per accompagnare è imparare tre ritmi essenziali di comping: il Charleston, il Reverse Charleston, e il Red Garland Rhythm. I pianisti spesso studiano questi ritmi quando imparano ad accompagnare in un contesto di gruppo, ma sono altrettanto utili per il piano solista.

Per il Charleston, accompagna sul beat uno e sul levare del due, con il levare del due che anticipa ogni accordo che cambia sul beat tre (vedi esempio 5.1).

Esempio 5.1
Charleston comping rhythm

Per il **Reverse Charleston**, accompagna sul levare dell'uno e sul beat tre. Il pattern di Reverse Charleston tende a essere più "tirato indietro" rispetto agli altri ritmi. Per raggiungere più stabilità al Reverse Charleston, aggiungi una nota di basso sul beat uno e suona due accordi alti nel pattern normale (vedi esempio 5.2).

Ejemplo 5.2
Reverse Charleston comping rhythm

Il **Red Garland Rhythm**, così chiamato dal nome del pianista del Miles Davis' First Quintet, è caratterizzato dall'accompagnamento sul levare del quattro e del due, anticipando le armonie che arrivano sul beat uno e sul beat tre, rispettivamente (vedi esempio 5.3).

Esempio 5.3
Red Garland comping rhythm

il levare del quattro anticipa il cambio armonico sul beat uno

il levare del due anticipa il cambio armonico sul beat tre

Quando si applica lo stride a questi ritmi, è consuetudine cominciare con la parte bassa dell'accompagnamento vicino al battere e la parte alta dell'accompagnamento vicino alla metà della misura (vedi esempio 5.4). Appena questi pattern diventano comodi, uniscili a differenti pattern di stride , incluso Piece Piece, reverse Piece Piece, e pausa sull'uno.

Esempio 5.4
Comping rhythms con diversi pattern di *stride*

Notare il Ritmo Armonico

Il ritmo armonico, cioè, quanto frequentemente gli accordi di una canzone cambiano, influisce su come il pianista accompagna. Il ritmo armonico di solito cambia durante il corso di una canzone. Il ritmo armonico può spostarsi tra gli accordi cambiando una volta ogni 8 beat, ogni 4 beat, ogni 2 beat, o addirittura ogni beat. I musicisti generalmente sottolineano i cambi nel ritmo armonico attraverso il cambiamento dello stile di accompagnamento. Spesso, i pianisti (e i batteristi) adeguano la lunghezza del loro pattern di accompagnamento al ritmo armonico.

Poiché ogni pattern essenziale di comping dura una misura, i pianisti devono adeguare i ritmi quando le armonie cambiano più di una volta per misura (vedi esempio 5.5). Una strategia è suonare un accompagnamento basso per ogni nuovo accordo. Un'altra opzione è inventare un pattern di accompagnamento più corto per includere una parte bassa e alta dell'accompagnamento per ogni accordo.

Esempio 5.5
Comping con ritmo armonico più veloce

Se il ritmo armonico cambia meno di frequente, il pattern di comping non deve necessariamente cambiare. Quando il ritmo armonico è statico ed è accoppiato con una melodia tenuta o una pausa nella stessa, i pianisti possono creare un *fill* di accompagnamento per aggiungere interesse nello spazio che si è creato. Può aiutare pensare a questi *fill* della mano sinistra come a delle parti di trombone in una *big band*. Immagina cosa potrebbe scrivere un grande arrangiatore all'interno delle frasi melodiche per la sezione dei tromboni.

Esempio 5.6
Usare *fill* nell'accompagnamento

Comp Corti e Lunghi

Quando ti eserciti con i pattern di comping, comincia con dei **comp corti** come stile di default. I comp corti dovrebbero essere della lunghezza e del volume di un colpo di spazzola sul rullante. Aggiungere **comp lunghi** può dare accenti ritmici, creare attesa, e creare contrasto. I comp lunghi, che possono essere ottenuti sia con il legato delle dita che con il pedale, sono generalmente tenuti fino a che non si suona l'accordo successivo. Cambiare da comp corti a lunghi può anche sottolineare le differenze nel ritmo armonico.

L'esempio 5.7 mostra come creare varietà usando i pattern di Charleston, Reverse Charleston e Red Garland mentre si mischiano i comp corti e lunghi.

Esempio 5.7
Mischiare stili di comping

Shell Voicings con Basso

Invece di andare avanti e indietro tra la parte bassa e alta degli accordi, i pianisti possono lavorare per trovare degli accordi che includono tutte le note essenziali in un'unica espressione dell'accordo stesso. Gli educatori di jazz si riferiscono ai voicing che pongono la terza e la settima nella mano sinistra come **shell voicings**. Sebbene gli shell voicings siano principalmente insegnati per l'uso in un contesto di gruppo, sono utili nel piano jazz solista se si aggiunge la tonica alle note essenziali.

L'esempio 5.8 mostra alcuni modi per esercitarsi con gli shell voicings in una progressione due-cinque-uno. Nota che alcuni di questi voicing usano solo due note, la tonica più o la terza o la settima, mentre altri usano tutte e tre le note. Le versioni a due note sono particolarmente applicabili nella parte bassa del piano dove gli accordi di tre note cominciano a suonare scuri. Gli shell voicings per una sola mano dovrebbero essere praticati in tutte le tonalità con ogni pattern di comping.

Esempio 5.8
Shell voicings per una sola mano nel due-cinque-uno

Molti dei grandi pianisti jazz usano il **pedale fortepiano** per aggiungere tensione ai loro comp lunghi. Il pedale fortepiano, ottenuto suonando l'accordo staccato e accentato e usando il pedale solo dopo che il suono ha cominciato a decadere, crea un attacco forte ma un sostegno soft.

Ho sentito pianisti di diverse generazioni usare il pedale fortepiano, incluso Oscar Peterson, Gonzalo Rubalcaba, e Glenn Zaleski, al quale sono grato per avermi mostrato personalmente questa tecnica. Il pedale fortepiano crea accenti forti senza creare un volume complessivo alto. L'esempio 5.9 mostra un esercizio che i pianisti possono praticare per sperimentare con questo stile di uso del pedale.

Esempio 5.9
Il pedale *fortepiano*

Per un ulteriore approfondimento

Barron, Kenny. "Well You Needn't." *Live at Maybeck Recital Hall.* Concord, 1991.
Evans, Bill. *Alone.* Verve, 1968.
Harris, Barry. "I Know What I Know." *Solo.* Uptown Jazz, 2008.
Rubalcaba, Gonzalo. "Quasar." *Solo.* Paseo, 2004.
Zaleski, Glenn. *Solo Vol. 1.* Stark Terrace Music, 2018.

6. VARIAZIONI NEL COMPING

Un pianista solista non può fare affidamento sugli accenti a sorpresa di un batterista, i fill ragionati di un bassista, o le interiezioni del comping di un chitarrista. Dunque, i pianisti devono creare il loro proprio colore, groove, e interesse attraverso la varietà del comping.

Accordi ripetuti

Aggiungere **accordi ripetuti** è un modo dinamico per variare i ritmi base del comping. Il più comune ritmo ad accordo ripetuto nel jazz è un push-off di due ottavi consecutivi, un battere seguito da un levare (vedi esempio 6.1). Quando suoni un push-off, metti il peso sul secondo ottavo in levare. Per sapere di più sui push-off, vedi di "Jeremy's tips" alla fine di questo capitolo.

Nell'esempio 6.1, gli accordi sul battere del quattro precedono il comp sul levare del quattro per il pattern di comping alla Red Garland. Anche se il ritmo sembra simile agli accordi ripetuti negli altri pattern, il pianista deve cambiare accordi quando si muove dal beat quattro al levare del quattro del push-off. L'accordo sul beat quattro riflette l'armonia della misura corrente mentre l'accordo sul levare del quattro anticipa l'armonia della misura successiva.

Esempio 6.1
Comping con accordi ripetuti

Sidestepping e Tonicizzazione

Sidestepping, a volte chiamato sideslipping, è una tecnica in cui il pianista risolve un voicing a distanza di mezzo tono dopo aver introdotto lo stesso voicing trasposto di mezzo tono. L'aggiunta di un sidestep aggiunge colore e energia ritmica all'accompagnamento. Nell'esempio 6.2, i sidestep sono segnati da una freccia verticale.

Anche se i *sidestep* più comunemente cominciano dal basso, i *sidestep* dall'alto sono anche possibili. A volte, quando l'accordo a distanza di mezzo tono risolve sul battere, il *sidestepping* risulta in un ritardo dell'accordo dato fino al levare dell'uno.

I voicing possono anche muoversi di più semitoni per creare un doppio o triplo *sidestep*.

Esempio 6.2
Comping con *sidestepping*

I *sidestep* non devono cambiare necessariamente un intero *voicing* (vedi esempio 6.3). Parti degli accordi possono essere aggiustati di un semitono per creare la sensazione di tensione e rilascio.

Esempio 6.3
Comping con *sidestepping* di alcune voci soltanto

La tonicizzazione è una tecnica in cui un pianista introduce l'accordo dominante (V7) di un accordo target e poi risolve l'accordo dominante sul target. Quando si tonicizza un accordo, non è necessario considerare la tonalità generale in chiave del brano. Invece, il nuovo accordo deriva dalla tonalità dell'accordo che viene considerato come target. La tonicizzazione può essere usata sia per la parte bassa sia per l'altra parte alta dell'accordo e gli accordi dominanti appena creati possono includere note alterate.

Nota nell'esempio 6.4 che la tonicizzazione funziona indipendentemente dal fatto che l'accordo sia maggiore settima, minore settima, o di settima dominante. La tonicizzazione può essere usata per condurre a una nuova armonia o per rinforzare l'armonia che è stata già stabilita.

Esempio 6.4
Comping con tonicizzazione

Inoltre, i pianisti possono creare una catena di tonicizzazioni, è possibile tonicizzare all'infinito gli accordi dominanti appena creati aggiungendo altri accordi dominanti che continuano a muoversi intorno al circolo delle quinte (vedi esempio 6.5).

Esempio 6.5
Comping con tonicizzazioni multiple

Poiché le tonicizzazioni sono così comuni, è importante esercitarsi con voicing a due, tre e quattro note che si muovono attraverso il circolo delle quinte con l'intenzione di raggiungere fluidità e velocità (vedi esempio 6.6).

Esempio 6.6
Esercitarsi nei *voicing* col circolo delle quinte

L'esempio 6.7 dimostra l'uso di accordi ripetuti, *sidestepping*, e tonicizzazione insieme a diversi pattern di comping e lunghezze di accordi. Metodi alternativi per aggiungere nuove armonie, come usare il circolo diatonico delle quinte e la sostituzione di tritono, sono discussi come tecniche di riarmonizzazione nel capitolo sedici.

Esempio 6.7
Comping usando accordi ripetuti, sidestepping, e tonicizzazione

Abbellire le Note al Basso

Invece di suonare un accordo per la parte bassa dell'armonia, i pianisti possono anche creare delle piccole linee di basso con vari livelli di complessità. È uso comune abbellire una nota al basso suonando una nota dal quinto grado al primo, ripetere la nota al basso che viene prima, introdurre una nota al basso a mezzo tono di distanza, o saltare di un'ottava (vedi esempio 6.8).

Esempio 6.8
Abbellire le note al basso con abbellimento semplice

L'esempio 6.9 presenta abbellimenti più complessi. Alcuni abbellimenti sono creati combinando gli abbellimenti semplici introdotti nell'esempio 6.8, come mettere un lead-in un semitono prima del quinto grado della scala o di un movimento quinto primo.

Inoltre, due nuovi tipi di abbellimento saranno introdotti. Il **turn** abbellisce la nota lead-in usando un vicino superiore o inferiore, che può essere sia cromatico che diatonico. Un **doppio vicino** si avvicina alla nota target usando semitoni da sopra o da sotto. Anche se un doppio vicino può avvicinarsi da entrambe le direzioni, è più comune cominciare con la nota sopra alla nota target.

Esempio 6.9
Abbellire le note al basso con abbellimenti più complessi

Accompagnare con la Melodia

Invece di pensare in termini di pattern di comping, i pianisti possono scegliere il loro stile di accompagnamento in base alla melodia (vedi esempio 6.10). In uno stile **domanda e risposta**, la mano sinistra del pianista diventa più attiva mentre la mano destra diventa meno attiva, e viceversa.

Esempio 6.10
Comping con domanda e risposta

L'accompagnamento omofonico è la ripetizione degli accordi della mano sinistra con lo stesso ritmo della melodia (vedi esempio 6.11). Tipicamente, l'accompagnamento omofonico si concentra molto di più sulla parte alta dell'armonia piuttosto che sulla parte bassa, ma un pianista può utilizzare entrambi i registri. Lo stile è spesso associato a Bill Evans, che lo usa frequentemente nel suo modo di suonare in trio, ma anche nei suoi album solisti come *Alone* e *Alone Again*.

Esempio 6.11
Comping Omofonico

I pianisti possono anche supportare gli accenti melodici della mano destra con la mano sinistra (vedi esempio 6.12). Si possono sottolineare i momenti importanti della melodia come grandi salti (pensa a una quinta o più), **punti turn-around** (momenti in cui la melodia cambia da ascendente al discendente, o viceversa), e push-off ritmici

Esempio 6.12
Comping di supporto alla melodia

JEREMY'S TIPS
IL MOVIMENTO PUSH-OFF E CONNETTERE GLI ACCORDI

Il **movimento push-off** è una tecnica che consente ai pianisti di suonare due accordi ripetuti senza spazio in mezzo. Eseguire il movimento push-off correttamente è cruciale per una buona articolazione swing. Quando eseguito correttamente i pianisti non dovrebbero sentire alcun silenzio tra i due ottavi e l'accento dovrebbe cadere sul secondo ottavo (in levare).

Suona i due ottavi con un singolo gesto giù-su del gomito senza permettere ai tasti di tornare alla loro posizione di riposo. Il polso e il gomito dovrebbero spostarsi in giù quando si suona il primo accordo e poi saltare indietro verso su insieme sul secondo accordo per creare un'accento percussivo. I musicisti jazz usano le sillabe "doo-DIT" come linea guida per una articolazione ideale di ottavi consecutivi.

Se gli accordi cambiano da un ottavo all'altro, crea con le dita più legato possibile tra i due accordi in modo che non ci sia uno spazio percepito in mezzo. Anche se è impossibile connettere ogni nota con le dita, la parte bassa degli accordi può essere solitamente connessa alternando tra il quarto e il quinto dito (vedi esempio 6.13).

Esempio 6.13
Diteggiatura per comp successivi

Raggiungere un senso di connessione tra le note acute degli accordi della mano sinistra è particolarmente importante. Anche se è tipicamente impossibile connettere fisicamente le note alte perché sono solitamente suonate dal pollice, fai uno sforzo per mantenere il pollice basso sulla tastiera e connettere il più possibile per creare l'illusione del legato.

Per un ulteriore approfondimento

Jones, Hank. *Live at Maybeck Recital Hall, Vol. 16.* Concord, 1992.
McPartland, Marian. *Live at Maybeck Recital Hall, Vol. 9.* Concord, 1992.
Miller, Mulgrew. *Solo.* Space Time Records, 2010.

7. LINEE DI BASSO NELLA MANO SINISTRA

Conosco molti pianisti jazz che rifiutano l'idea di suonare linea di basso in una performance di piano solista. Dicono cose come "i veri pianisti jazz suonano stride, i pianisti da cocktail suonano le linee di basso." Comunque, molti dei grandi incorporavano linea di basso di tutti i tipi nella loro musica per piano solista. Conoscere come usare correttamente un'ampia varietà di linea di basso può fornire contrasto in un set più lungo o formare una parte di un arrangiamento più complesso.

Boogie-Woogie

Boogie-Woogie è il nome che si dà allo stile che consiste in pattern di mano sinistra molto ripetitivi e che si usa tipicamente per le progressioni blues. I pattern di boogie-woogie differiscono dai pattern di stride perché rimangono nel registro basso e solitamente mantengono ottavi consistenti piuttosto che quarti. Poiché sono usati per il blues, i pattern boogie-woogie sono stati creati con gli accordi di settima in mente, ma i pianisti creativi possono trovare modi di modificare questi pattern per altre armonie. L'esempio 7.1 fornisce un piccolo campionario di pattern boogie-woogie. Il libro di Dick Hyman *Century of Jazz Piano - Transcribed!* fornisce un campionario completo della ricchezza della tradizione boogie-woogie.

Esempio 7.1
Stili di boogie-woogie

Boogie-Woogie Arpeggiato in Quarti

Boogie-Woogie Arpeggiato in Ottavi

Le Linee di Basso e la Mano Destra

Nel piano stride, la mano sinistra compie due dei tre compiti del piano solista. Copre sia il basso che il range medio mentre la mano destra si occupa della melodia. Un pianista può anche scegliere di usare la tattica opposta facendo sì che la mano destra prenda due di questi compiti, la melodia e gli accordi nel range medio, mentre la mano sinistra si dedica a suonare una linea di basso.

Per questo stile, la sinistra suona una linea di basso jazz standard, magari con un feel in due o in quattro, e la destra si alterna suonando la melodia e facendo la spola verso il registro medio per accompagnare (vedi esempio 7.2).

Esempio 7.2
Linea di basso con mano sinistra mentre la destra fa la spola tra accordi e melodia

Alternativamente, alcuni pianisti lasciano fuori gli accordi nel range medio ma suonano la melodia con note singole nel registro tenore ed esprimono linearmente l'armonia. In questo stile, i pianisti stanno intorno al Do centrale, sottolineano gli accordi attraverso arpeggi, e riempiono l'armonia usando accordi di due note chiamati **diadi** (vedi esempio 7.3). Poiché il pianista controlla sia la linea di basso che la melodia, può intenzionalmente scegliere una combinazione di note al basso e alla melodia che esprimano la progressione di accordi attraverso armonie o tensioni.

Esempio 7.3
Linea di basso con mano sinistra mentre la destra si occupa dell'armonia
con linee e diadi

L'efficacia di questa strategia dipende molto dal tempo. Ad un tempo più veloce, le melodie di linee singole possono definire facilmente un accordo, ma ad un tempo più lento, sono generalmente richiesti voicing più densi per dare all'ascoltatore un senso pieno dell'armonia.

Molti pianisti creano voicing di tre o quattro note sotto la melodia nella mano destra mentre suonano una linea di basso (vedi esempio 7.4). Poiché il pianista ha bisogno di abbastanza tempo per trovare la posizione della mano per ogni accordo al piano, armonizzare una melodia è più efficiente per melodie che si muovono più lentamente piuttosto che per run veloci in stile bebop. I voicing usati nella mano destra sono spesso simili a quelli usati nella mano destra per accordi in posizione stretta e drop 2 (vedi capitolo otto).

Esempio 7.4
Armonizzare melodie con voicing di tre o quattro note nella mano destra

I pianisti possono raggiungere un suono moderno armonizzando le melodie con voicing paralleli, voicing che mantengono esattamente la stessa struttura di intervalli (vedi esempio 7.5). Un voicing parallelo può essere un tipo di accordo riconoscibile come una triade maggiore o minore o un pattern basato su relazioni intervallari, come una quinta più un semitono. Quando si armonizza con un voicing parallelo, la struttura degli intervalli originari è ripetuta in modo identico indipendentemente dalla tonalità in chiave e dai simboli degli accordi.

Esempio 7.5
Armonizzare le melodie con voicing paralleli

Altri Pattern di Basso con la Mano Sinistra

Bud Powell è conosciuto per una tecnica di mano sinistra nel registro basso che è caratterizzata da una nota pedale tenuta, solitamente la quinta, sopra un semplice basso con un feel in due (vedi esempio 7.6). Quando eseguito correttamente questo pattern di basso può suonare come un latrato. La registrazione di "Ascension" di Barry Harris dà un chiaro esempio di questo stile della mano sinistra.

Esempio 7.6
Pattern alla Bud Powell

Una **linea di basso broken-feel** sottolinea l'armonia senza un pattern ritmico ripetitivo (vedi esempio 7.7). Piuttosto che suonare ogni minima o ogni semiminima, le linee di basso broken-feel mischiano unità ritmiche e spesso includono note più lunghe, accenti sincopati, e emiole. Le linee di basso broken-feel dovrebbero essere create per adattarsi logicamente alla melodia della mano destra o all'improvvisazione. Spesso usano domanda e risposta con la melodia, diventando più attive quando la melodia fa una pausa.

Poiché le linee di basso broken-feel non si allineeranno necessariamente con il battere, richiedono al pianista di anticipare o ritardare la risoluzione armonica. Nel momento in cui le note di basso di tensione sono risolte in modo fluido verso le note adiacenti, le anticipazioni e i ritardi non capovolgeranno completamente lo schema armonico del brano. Oscar Peterson usa una linea di basso broken-feel nella sua registrazione di "Perdido". La linea di basso di Peterson enfatizza spesso il levare del tre e crea emiole piuttosto che cadere in modo pulito sul battere.

Esempio 7.7
Linea di basso broken-feel

Un ostinato è una figura musicale ripetuta. I pianisti solisti a volte usano ostinati di basso per creare un groove costante nella loro mano sinistra. I pianisti possono adottare ostinati di basso afro-cubani, come nella versione di "Bud-like" di Kenny Barron o possono usare linee di basso basate su un groove come la registrazione di "Six and Four" di Hank Jones o la versione di "Lush Life" di Chick Corea (vedi esempio 7.8).

Esempio 7.8
Ostinati della mano sinistra

Ostinato di Basso "Six and Four"
(Oliver Nelson, come suonato da Hank Jones)

Ostinato "Lush Life"
(Arrangiamento di Chick Corea)

JEREMY'S TIPS: IMPROVVISARE SUGLI OSTINATO

Quando si impara a improvvisare su un ostinato, il primo passo è essere comodi nei punti in cui le due mani suonano assieme (vedi esempio 7.9). Improvvisa con il ritmo del basso ostinato in modo che entrambe le mani suonino lo stesso ritmo.

Esempio 7.9
Improvvisare su un ostinato con lo stesso ritmo in entrambe le mani

Poi, aggiungi solo qualche nota mentre mantieni la base ritmica delle due mani che suonano contemporaneamente (vedi esempio 7.10). Quando l'esercizio diventa comodo, aggiungi via via più note senza interrompere il ritmo di base delle due mani unite.

Esempio 7.10
Aggiungere note all'improvvisazione simultanea con l'ostinato

Per raggiungere la sensazione di suonare due linee veramente indipendenti, esercitati nel suonare in unità ritmiche diverse contro l'ostinato (esempio 7.11). Comincia con quelle facili come minime, semi-minime, ottavi e lavora poi verso quelle più difficili come semi-minime puntate e minime puntate.

Esempio 7.11
Esercitarsi con ritmi fissi contro l'ostinato

Può essere anche utile esercitarsi con gli ostinati nella mano destra per solidificare la padronanza del cervello di una complessa indipendenza delle mani (vedi esempio 7.12).

Esempio 7.12
Esercitarsi con gli ostinati nella mano destra

Per un ulteriore approfondimento

Barron, Kenny. "Budlike." *At the Piano*. Xanadu Records, 1982.

Brubeck, Dave. "The Duke." *Brubeck Plays Brubeck*. Columbia, 1956.

Corea, Chick. "Armando's Rhumba." *Expressions*. GRP, 1994.

Corea, Chick. "Lush Life." *Expressions*. GRP, 1994.

Camilo, Michel. "Our Love is Here to Stay." *Solo*. Telarc, 2005.

Hyman, Dick. *Dick Hyman's Century of Jazz Piano – Transcribed!* Hal Leonard, 2012.

Harris, Gene. "Lu's Blues." *At Maybeck*. Concord, 1993.

Harris, Barry. "Ascension." *Listen to Barry Harris*. Riverside, 1961.

Jones, Hank. "Six and Four." *Live at Maybeck Recital Hall*. Concord, 1992.

McKenna, Dave. "Tea for Two." *An Intimate Evening*. ARCD, 2002.

McKenna, Dave. "C Jam Blues." *Solo Piano*. CoolNote, 1994.

McPartland, Marian. "A Fine Romance." *Live at Maybeck Recital Hall, Vol. 9*. Concord, 1991.

Peterson, Oscar. "Perdido." *My Favorite Instrument: Exclusively for My Friends*. MPS, 1968.

8. LASCIARE FUORI IL BASSO

Invece di scegliere di coprire la melodia, gli accordi, e il basso, un pianista può scegliere di lasciare fuori il basso o avere il basso che suona in modo intermittente. Le strategie per lasciare fuori il basso vanno dalla più tradizionale alla più moderna e possono essere applicate semplicemente come un momento importante per finire una sezione o come un tessuto di lunga durata per interi chorus di un brano e oltre.

Posizioni Strette e Voicing Drop Two

I voicing in posizione stretta, voicing che si estendono per un'ottava o meno, sono una parte importante della tradizione del piano jazz, con il pianista britannico George Shearing come esempio più importante. Il suono tipico di Shearing è un voicing di cinque note con la nota più bassa che doppia la melodia più tre note in mezzo. I voicing in posizione stretta suonano come una sezione di sassofoni dell'era di Basie con cinque sax che suonano insieme in armonia stretta. Anche se i voicing in posizione stretta sono complessi e vari, le basi sono esposte in un breve riassunto qui sotto. Come primo passo, suona attraverso i voicing in posizione stretta formati sovrapponendo una nota sì e una no della **scala bebop**, una scala maggiore con l'aggiunta della sesta bemolle. Il risultato sono due accordi che si alternano, l'accordo di tonica maggiore di sesta e l'accordo di settima diminuita (vedi esempio 8.1).

In questo stile, la sinistra solitamente suona solo la nota bassa mentre la mano destra suona le quattro note più acute. Limitando la mano sinistra a una nota singola è importante perché lo stile dipende dalla mano destra sinistra che connette le singole note della sua melodia. Il legato della mano sinistra dà all'ascoltatore l'illusione che il pianista sta connettendo dolcemente tutte le note degli accordi.

Esempio 8.1
Voicing in posizione stretta basati sulla scala bebop di Do

I voicing creati dalla scala bebop funzionano bene per un accordo maggiore, ma altri scenari abbisognano di armonizzazioni diverse. Segui il procedimento qui sotto per determinare le scelte migliori per le note in mezzo di un voicing in posizione stretta:

1. Determina se la melodia è una nota dell'accordo.

2. Se la melodia è una nota dell'accordo, la terza è la settima devono essere presenti:

   a. Se la terza o la settima è nella melodia, aggiungi la nota essenziale che manca all'accordo.

   b. Se la melodia non è né una terza né una settima, aggiungi entrambe l'accordo.

   c. Usa la sesta invece della settima maggiore quando la tonica è nella melodia poiché la settima è solo a un semitono di distanza dalla tonica.

d. Completa il voicing di cinque note scegliendo dalle note non essenziali come la tonica, quinta, nona, undicesima e tredicesima, o note alterate come la quinta diesis o la nona bemolle per gli accordi dominanti.

3. Se la nota della melodia non è una nota dell'accordo, per prima cosa prova ad armonizzarla con un accordo di settima diminuita.

4. Se l'accordo diminuito non suona giusto, o un accordo più colorato suonerebbe meglio, prova ad armonizzare la nota che non fa parte dell'accordo usando il sidestepping o la tonicizzazione (vedi esempio 8.2).

L'esempio 8.2 usa le misure in apertura dello standard "Danny Boy" per dimostrare i voicing in posizione stretta. "Danny Boy" è presentato in maggiore dettaglio nel capitolo nove e usato lungo tutto il resto del libro.

Esempio 8.2
Voicing in Posizione Stretta

I **Voicing Drop Two** sono simili alle posizioni strette ma suonano più leggeri e moderni. Per formare un drop two cominciando con la posizione stretta, ometti la nota più bassa che doppia la melodia e abbassa la seconda nota più alta di un'ottava (vedi esempio 8.3). Il risultato è un voicing di quattro note con una nona o una decima tra la nota più acuta e la nota più bassa.

Esempio 8.3
Voicing drop two per la scala bebop di Do

Quando si suona in posizione stretta e in drop two, la mano sinistra dovrebbe rendere indipendente e ornare la melodia attraverso turns, **scoop** (lead-in dal basso costituiti da semitoni multipli), **slide** (connessioni tra due note fatte di due o più semitoni), e **ghost notes**, (note che sono appena percepite ma sono incluse per servire una funzione ritmica) (vedi esempio 8.4). Le ghost notes, che sono solitamente note dell'accordo, sono scritte in parentesi.

Esempio 8.4
Combinare *voicing* in posizione stretta e *drop two*

I silenzi lasciati da questi voicing possono essere riempiti con risposte fuori dal range medio (vedi esempio 8.5). Le risposte possono includere fill di basso o accordi suonati nei range estremi del pianoforte.

Esempio 8.5
Voicing in posizione stretta e drop two con risposte

La scala ottatonica, una scala simmetrica di otto note con l'alternanza di semitoni e toni, può essere usata per creare voicing in posizione stretta e drop two particolarmente ricchi. Per creare un suono nodoso in un voicing in posizione stretta, suona una triade in posizione fondamentale ma aggiungi mezzo tono sulla nota più bassa (vedi esempio 8.6). Nella forma drop two, un suono simile può essere creato organizzando il voicing in quarte, usando una quarta aumentata tra le due note più alte e le due note più basse. Poiché la scala ottatonica è una scala simmetrica, questi voicing possono essere ripetuti con lo stesso pattern di intervalli ogni terza minore. In aggiunta ad armonizzare una melodia, i voicing ottatonici funzionano benissimo in una introduzione in tempo rubato o come parte di un fill solista.

Esempio 8.6
Voicing ottatonici colorati in posizione stretta e drop two

Voicing Modali

I voicing modali sono voicing che hanno lo stesso set di intervalli diatonici indipendentemente dalla nota da cui cominciano. Ogni set di intervalli può essere usato come voicing modale, ma ce ne sono due che hanno guadagnato una speciale importanza nella storia del jazz. I **So What voicing** sono voicing di cinque note con una serie di tre quarte in basso e una terza in alto. Sono così chiamati grazie ai voicing che suona Bill Evans nella brano eponimo. I **Quartal voicing**, associati tipicamente a McCoy Tyner, sovrappongono quarte diatoniche. Mentre Tyner tipicamente usa quartal voicing di sei note con tre note in ogni mano, i quartal voicing che usano tre, quattro o cinque note sono i più utili per armonizzare una melodia.

Nota nell'esempio 8.7 che solo perché i voicing in ogni linea hanno gli stessi intervalli diatonici, non significa che hanno le stesse strutture intervallari. Poiché il modo stesso mescola toni e semitoni, come alcuni So What voicing hanno una terza minore in alto mentre altri hanno una terza maggiore. Allo stesso modo, anche se le quarte sono solitamente quarte perfette, le quarte in questi accordi possono essere perfette o aumentate a seconda di dove si trovano all'interno del modo.

Esempio 8.7
So What e Quartal Voicing per Re dorico e Fa Misolidio

Quando si usano i voicing modali su un brano tonale come "Danny boy", un pianista deve mescolare So What e quartal voicing in modo scaltro per creare un risultato che catturi la tonalità del brano (vedi esempio 8.8). Oltre a mescolare i voicing, i pianisti possono usare il sidestepping e il **planing**, la trasposizione precisa degli intervalli di un accordo target, per evitare voicing con intervalli strani (vedi per un approfondimento sul planing il capitolo sedici).

Quando si usano dei voicing modali, si possono aggiungere accordi e note al basso di supporto per dare ai voicing un contesto armonico più pieno (vedi esempio 8.9).

Esempio 8.9
Armonizzazione modale con contestualizzazione armonica

Doppie Ottave e Decime

Le doppie ottave sono una tecnica in cui il pianista suona melodie identiche in entrambe le mani, tipicamente con un'ottava lasciata in mezzo per il massimo della risonanza (vedi esempio 8.10). È possibile usare le doppie ottave per creare un'intera sezione di musica. Oscar Peterson è probabilmente il più famoso tra i pianisti che usavano le doppie ottave ma molti dei suoi accoliti come Benny Green e Jeoffrey Keezer hanno continuato questo stile.

Esempio 8.10
Spaziatura tipica per le doppie ottave

Come per gli altri stili privi di basso, le doppie ottave possono essere suonate con o senza accordi di supporto (vedi esempio 8.11). Quando suonate senza accordi di supporto, i pianisti dovrebbero mirare a coprire quanto più possibile dell'armonia nella linea melodica focalizzandosi su spazi ampli e arpeggi.

Esempio 8.11
Doppie ottave con accordi di supporto

I pianisti inoltre armonizzano frequentemente una melodia in decime. Quando si armonizzano le melodie in decime, i pianisti devono scegliere tra decime minori e decime maggiori. Per capire quali decime saranno adatte meglio alla melodia, comincia ad armonizzare le note importanti della melodia con note degli accordi che manifestano chiaramente la progressione degli accordi. Una volta che le note importanti della melodia sono stabilite, lavora a ritroso per vedere quali intervalli preparano quelle note in modo fluido.

Quando un pianista armonizza una melodia in decime, si possono usare occasionalmente none o undicesime se si adattano meglio al momento armonico. Nell'esempio 8.12, la mano sinistra segue la melodia della mano destra esclusivamente in decime per le prime quattro misure ma incorpora altri intervalli nelle seconde quattro misure.

Esempio 8.12
Armonizzare un passaggio in decime

Mentre è più comune per la melodia principale essere suonata dalla mano destra, crea un effetto interessante suonarla nella mano sinistra e usare decime per armonizzare la melodia nella mano destra. Oltre ad armonizzare una melodia, questa stessa tecnica può essere usata per aggiungere colore a un fill di basso. L'esempio 8.13 aggiunge accordi alle decime per aiutare a contestualizzare l'armonia.

Esempio 8.13
Un passaggio in decime con la melodia principale nella mano sinistra

Contrappunto e Mirror Piano

Con solo dei piccoli cambiamenti, i passaggi di decime possono diventare **contrappunto omofonico**, cioè melodie multiple, suonate simultaneamente, intrecciate insieme intenzionalmente per sottintendere l'armonia (vedi esempio 8.14). Suonare passaggi estesi di contrappunto omofonico è una caratteristica del pianista Fred Hersch e di alcuni dei suoi eredi musicali come Dan Tepfer e Sullivan Fortner. Hersch tipicamente suona questi passaggi nella parte estrema del piano con un tocco leggero.

Quando pianifichi dei passaggi di contrappunto, segui gli step che sono stati spiegati per creare le decime. Seleziona le note importanti della melodia e armonizza quelle note in modi che supportino lo schema armonico. Se le note importanti degli accordi sono armonizzate con intervalli consonanti, la dissonanza può essere usata per le note in mezzo. Per esempio, nell'esempio 8.14, il Mi naturale prima della doppia linea di divisione della misura è una nota ideale come bersaglio. Il Mi naturale può essere armonizzato con una sesta tra il Sol e il Mi, un intervallo costante che esprime il Do maggiore settima in modo chiaro. La mano sinistra può usare una scala cromatica che porti fino al Sol. Anche se la scala cromatica crea dissonanze stridenti tra le mani, come la nona minore sul tre, la settima minore sul levare del tre, e il tritono sul quattro, poiché le due mani hanno un obiettivo comune e consonante, le dissonanze in realtà arricchiscono il senso di armonia e tonalità.

Esempio 8.14
Contrappunto omofonico a due voci

Il **Mirror piano** è uno speciale tipo di contrappunto omofonico che accoppia note basate sui due punti di simmetria della tastiera, Re e La bemolle (vedi esempio 8.15). Per trovare le note che sono coppie simmetriche, comincia con entrambe le mani su Re oppure La bemolle e suona scale cromatiche in direzioni opposte. Ne risulteranno le seguenti coppie :

Esempio 8.15
Tavola delle coppie nel mirror piano

D	Eb	E	F	F#	G	G#	A	Bb	B	C	C#
D	C#	C	B	Bb	A	G#	G	F#	F	E	Eb

Nel mirror piano, quando una mano suona una nota nella casella superiore, l'altra mano suonerà la nota corrispondente nella casella inferiore. Il mirror piano è utile poiché consente a entrambe le mani di usare la stessa diteggiatura. Poiché lo schema di tasti bianchi e neri sulla tastiera è simmetrico per entrambe le mani, in questo stile, le diteggiature saranno identiche per la mano destra e sinistra, che sono anche esse simmetriche. Usare una diteggiatura simmetrica aiuta le mani a suonare molto velocemente e senza sforzo in moto contrario.

Lo svantaggio del mirror piano è che l'immagine a specchio non avrà nessuna relazione con lo schema armonico (vedi esempio 8.16). Se un pianista vuole che l'immagine a specchio suoni tonale, dovrà fare dei significativi aggiustamenti alla mano che si riflette a specchio.

Esempio 8.16
Mirror piano con melodia nella destra e immagine a specchio nella sinistra

La melodia primaria nel mirror piano può essere suonata sia nella mano destra che nella mano sinistra, con l'altra mano che fa da specchio, come mostrato nell'esempio 8.17. Sebbene sia più tipico mettere la melodia primaria nella mano destra, mettere la melodia nella mano sinistra è un ottimo esercizio per aiutarci a focalizzare l'orecchio nelle melodie della mano sinistra con la stessa intensità che usiamo di solito per focalizzarci nelle melodie nella destra.

Esempio 8.17
Mirror piano con melodia nella sinistra e immagine a specchio nella destra

Anche se il mirror piano può essere un effetto speciale impressionante in una performance di piano solista, può essere persino più utile durante una sessione di esercizio per un pianista. Fare esercizio sulle linee melodiche bebop e sulle trascrizioni usando il mirror piano consente alla mano destra di trasferire le buone abitudini di diteggiatura alla mano sinistra.

Sebbene mantenere una nota nella mano sinistra e quattro note nella destra è tipicamente la migliore strategia per i voicing in posizione stretta, ci sono dei momenti in cui un pianista può spostare il numero di note presenti in ogni mano per semplificare la difficoltà di suonare passaggi complessi.

Suonare arpeggi è reso più semplice se la mano destra trasferisce alcune delle sue note alla mano sinistra (vedi esempio 8.18). Per un arpeggio discendente, comincia con il pollice della mano sinistra e trasferisci una nota alla mano sinistra per ogni grado dell'arpeggio man mano che si muove verso il basso. È anche possibile prendere tutte e cinque le note con la mano sinistra alla fine dell'arpeggio. Per un arpeggio ascendente, comincia con quattro note nella mano sinistra e una nella mano destra, suonata dal pollice. Adesso, trasferisci una nota dalla mano sinistra alla mano destra per ogni grado man mano che l'arpeggio sale.

Esempio 8.18
Arpeggi con voicing in posizione stretta

Dave Brubeck usa la tecnica di trasferire note da una mano all'altra per suonare dei run in posizione chiusa alla velocità della luce. Per suonare le terzine nell'esempio 8.19 a un tempo veloce, comincia con la classica divisione di quattro note nella mano destra e una nella mano sinistra ma trasferisci la seconda nota nella mano sinistra per la seconda di ogni gruppo della terzina. Se il trasferimento è eseguito correttamente questo passaggio suona estremamente impressionante ma richiede un movimento minimo.

Esempio 8.19
Lick di terzine con voicing in posizione stretta.

Per un ulteriore approfondimento

Brubeck, Dave. "Take the A Train." *Jazz Goes to College.* Columbia Records, 1954.
Green, Benny. "Green's Blues." *Green's Blues.* Telarc, 2001.
Green, Benny. "Love You Madly." *Naturally.* Telarc, 2000.
Ovsepian, Vardan. *Mirror Exercises.* Self-published book.
Peterson, Oscar. "Bye Bye Blackbird." *My Favorite Instrument: Exclusively for My Friends.* MPS, 1968.

9. ARMONIZZARE UNA MELODIA CON GLI SHARED-HAND VOICINGS

Nei primi otto capitoli di questo libro abbiamo discusso una divisione diseguale del lavoro. Negli stili di stride piano e comping, la mano sinistra si occupa sia del basso che del range medio degli accordi di modo che la mano destra possa suonare la melodia e improvvisare. Quando la mano sinistra suona la linea di basso, la mano destra spesso si occupa sia della melodia che degli accordi nel range medio.

Molti stili di piano solista implicano una divisione più uguale dal lavoro in cui la mano destra suona la melodia, la mano sinistra suona il basso, e le due mani condividono il range meglio degli accordi. Anche se ciò semplifica troppo il concetto, è utile pensare che il terzo, quarto e quinto dito della mano destra siano dedicati alla melodia, il terzo, quarto e quinto dito della mano sinistra siano dedicati al basso, e i pollici e indici di entrambe le mani siano dedicati agli accordi.

Esempio 9.1

Diagramma delle mani divise per gli accordi nel piano solista

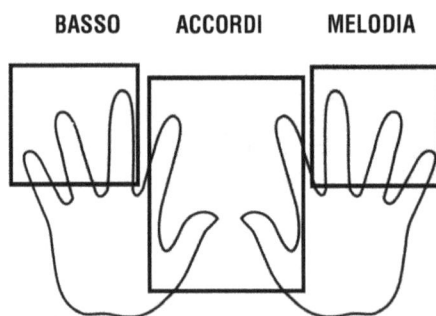

Armonizzare una Melodia

Una delle difficoltà di suonare il piano solista con gli **shared-hand voicings**, voicing dove alcune note sono suonate nella mano sinistra e altre sono suonate nella mano destra, è che questi voicing devono cambiare a seconda della melodia. Purtroppo, non c'è una formula semplice per gli shared-hand voicings poiché dipendono dal range e dal contenuto e dall'altezza della melodia.

Le seguenti regole, che riassumono come armonizzare una melodia, devono molto al pianista Edward Simon, che si riferisce a questo procedimento come **tecnica di armonizzazione della melodia**. Padroneggiare questa tecnica richiede scrivere e imparare le armonizzazioni per molte canzoni prima di tentare un'armonizzazione spontanea di una melodia.

Le regole sono le seguenti:

- Per cominciare, crea accordi con un totale di cinque note: la melodia, il basso, e tre note dell'accordo in mezzo. La mano destra suona sempre la melodia in alto; la mano sinistra suona sempre il basso in fondo

- Prendi in considerazione solo la nota della melodia simultanea al cambio di accordo. Se c'è una pausa nella melodia, usa solo quattro note e posiziona l'accordo più in basso rispetto alla nota successiva della melodia. Se c'è una nota tenuta, tratta quella nota come melodia.

- Ogni accordo necessita di una terza e di una settima. Per gli accordi di sesta, la sesta rimpiazza la settima. Per gli **accordi sus**, la quarta rimpiazza la terza.

- Completa gli accordi di cinque note con note di colore come la quinta e la nona. La tredicesima è una buona nota di colore per gli accordi maggiori e di settima dominante. L'undicesima è una buona nota di colore per gli accordi minore settima. Per gli accordi dominanti usa note alterate come la quinta bemolle, la quinta diesis, la nona bemolle, e la nona diesis.

- Non ci dovrebbe essere alcun raddoppio, o ripetizione di una singola nota. Ci sono casi in cui il raddoppio è accettabile:

    a. Se la tonica è nella melodia, raddoppia la melodia e il basso.

    b. Se la terza o la settima mancano dal loro range tipico intorno al Do centrale, è accettabile doppiarli nel loro range tipico. Questo è un problema specialmente se la terza la settima nella melodia sono in un registro alto. Può anche essere un problema quando la terza o la settima sono tenute nella melodia ma l'orecchio vuole ancora sentire la terza o la settima chiaramente come parte dell'accordo.

    c. Il raddoppio è accettabile per gli accordi semidiminuiti, diminuiti, e i rivolti poiché ci sono poche scelte interessanti per le note di colore (vedi capitolo dieci).

- La **nona minore**, l'intervallo di un'ottava più un semitono, dovrebbe essere evitato. La maggior parte dei pianisti trova le none minori altamente dissonanti. Ovviamente, Thelonious Monk spesso cercava le none minori, ma il suo stile è l'eccezione più che la regola.

- Evita pile di **terze sovrapposte**, ilil pattern intervallare di un accordo di settima in posizione fondamentale, quando possibile. Una varietà maggiore nella spaziatura degli intervalli è preferibile.

- Tendi a una spaziatura relativamente bilanciata. Evita di creare voicing con un cluster in una parte dell'accordo e un ampio spazio in un'altra parte dell'accordo.

- Tendi a un voice leading relativamente buono. Quando possibile, risolvi le note di tensione verso le note adiacenti.

- I voicing devono essere fisicamente suonabili. Anche se rullare gli accordi è sempre possibile, se i Voicing sono troppo ambiziosi pianisticamente, non saranno particolarmente utili.

Danny Boy

La canzone folk "Danny Boy", a volte conosciuta come "Londonderry Air", sarà usata come esempio nel capitolo nove e oltre (vedi esempio 9.2). "Danny Boy" è stata suonata da alcuni dei più grandi pianisti jazz di tutti i tempi come Bill Evans, Hank Jones, Ben Webster, Sarah Vaughan, Harry Connick Jr., Barry Harris, e Keith Jarrett, tra gli altri.

Esempio 9.2
Prime otto misure di "Danny Boy"

Il primo step per creare una armonizzazione della melodia è semplificare la melodia. Ricorda che solo le note della melodia che arrivano simultaneamente con il cambio dell'accordo saranno armonizzate. L'esempio 9.3 mostra quali note saranno armonizzate e include la melodia originale nella parte di piano sopra come riferimento.

Esempio 9.3
Melodia semplificata per *"Danny Boy"*

Dopodiché, seleziona le note del basso. Il range delle note al basso cambierà a seconda del range della melodia, ma il basso dovrebbe generalmente rimanere tra Sol1 e Re3 (vedi esempio 9.4).

Esempio 9.4
Range delle note al basso nello stile chord-melody

range ideale di basso

Quando scegli la migliore ottava per la nota di basso, non c'è necessariamente una sola risposta corretta. Rimani più verso la scelta di una nota più bassa, poiché le note più basse danno un sound generalmente più ricco e consentono una maggiore flessibilità nella scelta delle note in mezzo tra basso e melodia (vedi esempio 9.5).

Esempio 9.5
Melodia semplificata con note di basso

Adesso riempi con le note interne. Ricorda, il primo passo è essere sicuri che ogni accordo abbia sia la terza che la settima. La terza fa parte della melodia per il primo accordo ed è abbastanza in basso da non far scattare la prima eccezione per il raddoppio. Dunque, la settima e due note di colore dovrebbero essere aggiunte.

Per prima cosa, aggiungi la settima guardando tra la nota della melodia e la nota al basso dove può essere posta. In questo caso, delle due ottave possibili dove la settima può essere posta, la posizione più in alto è preferibile perché poiché i limiti dell'intervallo più basso farebbero suonare l'ottava più bassa in modo cupo. Scrivi la settima nella mano destra poiché questa è la mano che suonerà la nota.

Esempio 9.6
Primo accordo con l'aggiunta delle note essenziali

Adesso, aggiungi due note di colore. Ricorda, le note di colore tra cui scegliere sono la quinta e la nona per tutti gli accordi, la tredicesima per gli accordi maggiori settima e di settima dominante, e l'undicesimoa per gli accordi minore settima. Per gli accordi dominanti, le note alterate come la quinta bemolle, la quinta diesis, la nona bemolle, e la nona diesis possono essere usate. Le cinque armonizzazioni nel sistema in alto dell'esempio 9.7 funzionano bene, ma le due nel sistema in basso non sono spaziate in modo bilanciato. Il primo voicing ha un grande cluster in alto e poi un grande spazio in basso, mentre il secondo voicing ha uno spazio strano nel mezzo.

Esempio 9.7
Possibili voicing per il primo accordo

Guardando alla misura successiva, la tredicesima è nella melodia. Poiché sia la terza che la settima mancano, devono essere aggiunte come primo passo (vedi esempio 9.8). C'è in realtà solo uno spazio per porle ed evitare un voicing cupo che risulterebbe da una terza nel range in basso.

Esempio 9.8
Secondo accordo con l'aggiunta delle note essenziali

Adesso, riempi con le note di colore. Poiché sia la terza che la settima sono state già aggiunte, solo una nota di colore è necessaria per completare il voicing di cinque note. Con la tredicesima già nella melodia, la quinta e la nona sono le opzioni migliori. Ognuno dei voicing nell'esempio 9.9 funzionerà, anche se l'ultimo è il meno pratico poiché le note dell'accordo si sovrappongono con le note successive nella melodia. Quando le note si sovrappongono, un pianista deve sollevare le dita che stanno suonando il voicing, con il risultato di avere un suono generale più esile.

Esempio 9.9
Possibili voicing per il secondo accordo

Dunque, quale voicing dovrebbe essere usato? L'ultima scelta dipende dalla preferenza personale per i colori, dalla facilità di suonare assieme alla melodia, e dal contesto. Quando possibile, seleziona dei voicing adiacenti che creino un buon voice leading e richiedano un movimento minimo.

Adesso, esamina la melodia per le misure tre e quattro. La terza è nella melodia per il Mi minore settima, la settima è nella melodia per il La minore settima, la tonica è nella melodia per il Re settima dominante, e non c'è una nota della melodia per il Sol settima dominante (vedi esempio 9.10). Poiché l'ultimo accordo non ha alcuna nota della melodia in simultanea con il cambio di accordo, questo accordo sarà armonizzato con solo quattro note e la nota in alto dovrebbe essere tenuta più in basso della nota successiva della melodia. Adesso la terza e settima che mancano devono essere aggiunte per il Mi e il La minore settima e entrambe la terza e la settima devono essere aggiunte al Re e al Sol dominanti. quando si aggiunge la terza e la settima, prendi in considerazione il voice leading e crea il movimento più fluido possibile da un accordo al successivo.

Esempio 9.10
Misure tre e quattro con le note essenziali

Infine aggiungi le note di colore. Per il Mi minore settima, evita di mettere la nona dell'accordo nella mano sinistra poiché formerà una nona minore contro il Sol nella melodia (vedi esempio 9.11).

Esempio 9.11
Evitare la nona minore nel Mi minore settima

L'esempio 9.12 mostra dei voicing potenziali per le misure tre e quattro. L'undicesima è usata come nota di colore in entrambi gli accordi minori e la quarta diesis (quinta bemolle) è usata come nota alterata per il Re settima dominante. Nota che l'undicesima diesis che introduce una tensione considerevole, risolve dolcemente verso il La naturale nell'accordo di Sol settima dominante. Questa soluzione è solo una delle molte possibili armonizzazioni della melodia per queste misure.

Esempio 9.1
Voicing per le misure tre e quattro

Poiché i pianisti jazz lavorano duro per coprire basso, melodia, e accordi tutto da soli, hanno bisogno di fare uso di tutte le risorse possibili. I pianisti jazz usano frequentemente il **corner thumb**, l'abilità del pollice di suonare facilmente due note bianche consecutive o due note nere consecutive allo stesso tempo. I pianisti solisti dovrebbero usare il corner thumb il più possibile perché esso permette di aggiungere più colore ai loro accordi senza utilizzare dita che sono necessarie per suonare altre note dell'accordo o per creare una melodia legata. Nell'esempio 9.13, le parentesi quadre indicano dove il corner thumb può essere usato nella melodia armonizzata per "Danny Boy".

Esempio 9.13
Corner thumb per gli shared-hand voicing

Il corner thumb è anche utile nella mano sinistra. L'esempio 9.14 mostra come un pianista può aggiungere il corner thumb nella mano sinistra agli accordi di "Danny Boy". Una sesta nota è stata aggiunta all'accordo nella misura due per mostrare che i pianisti possono usare il corner thumb sia nella mano destra che nella mano sinistra contemporaneamente.

Esempio 9.14
Corner thumb nella mano sinistra

Come esercizio, suona una progressione di accordi standard fuori tempo e prova ad usare il corner thumb per ogni singolo accordo. Quando possibile, usa il corner thumb in entrambe le mani.

Per un ulteriore approfondimento

Connick Jr., Harry. "Danny Boy." *Come By Me*. Columbia, 1999.
Evans, Bill. "Danny Boy." *Time Remembered*. Milestone, 1993.
Harris, Barry. "The Londonderry Air." *Listen to Barry Harris...Solo Piano*. Riverside, 1961.
Jarrett, Keith. "Danny Boy." *A Multitude of Angels*. ECM, 2016.
Jones, Hank and Haden, Charlie. "Danny Boy." *Steal Away*. Verve, 1995.
Milne, Andy. "Danny Boy." *Dreams and False Alarms*. Songlines, 2007.
Vaughan, Sarah. "Danny Boy." *It's a Man's World*. Mercury, 1967.
Webster, Ben. "Danny Boy." *King of the Tenors*. Norgran, 1954.

10. ARMONIZZARE UNA MELODIA CON GLI SHARED-HAND VOICING, SECONDA PARTE

Questo capitolo esamina esempi speciali di come creare dei shared-hand voicings, incluso l'armonizzazione di un climax melodico, accordi diminuiti e semidiminuiti, e i rivolti. Le ultime quattro misure di "Danny Boy" saranno usate come esempio per questo capitolo (vedi esempio 10.1). Queste misure sono state armonizzate intenzionalmente con degli accordi che creeranno delle sfide speciali nel processo di armonizzazione della melodia.

Esempio 10.1
Ultime quattro misure di "Danny Boy"

Armonizzare un Climax Melodico

Un climax melodico è tipicamente la nota più alta di una melodia e si trova di solito circa dalle quattro alle otto misure prima della fine di un brano. Il climax presenta un problema musicale poiché più in alto va la melodia più le mani si devono allargare per avere accesso agli accordi nel range medio.

Anche se può sembrare che usare una nota al basso più alta possa essere una soluzione, è di solito preferibile trattare le note alte con moto contrario tra la melodia e il basso poiché un basso più basso significa più risonanza, più volume, e più supporto per il climax melodico, che è tipicamente la parte più forte, più drammatica della melodia (vedi esempio 10.2). Tuttavia, una nota al basso bassa significa anche che entrambe le mani dovranno realmente estendersi!

Esempio 10.2
Range di basso appropriato per un climax melodico

È importante armonizzare il centro dell'accordo con larghi spazi tra le note di modo che l'accordo sia adeguatamente bilanciato (vedi esempio 10.3). Mentre è possibile creare un accordo che suona in modo decente con le cinque note standard, aggiungere una sesta o addirittura una settima nota aiuterà a riempire il centro dell'accordo.

Esempio 10.3
Voicing di cinque, sei e sette note per il climax melodico

Molti di questi accordi sono impossibili da suonare con un attacco completamente simultaneo. È sempre accettabile rullare un accordo o anticipare la nota al basso per rendere suonabili dei larghi stretch. Se le note al basso sono rullate o anticipate, assicurati che l'intero accordo sia catturato con un singolo pedale di modo che il voicing possa essere ascoltato in pieno.

Esempio 10.4
Rullare o anticipare le note al basso

Armonizzare Accordi Diminuiti e Semidiminuiti

Gli accordi di settima diminuiti e semidiminuiti presentano dei problemi speciali per armonizzare una melodia poiché le note di colore sono spesso molto al di fuori della tonalità o formano intervalli dissonanti con altre note negli accordi. Questi accordi richiedono sia conoscenza della teoria musicale che orecchio. I musicisti devono determinare a orecchio se le note di colore sono appropriate per il contesto armonico.

Quando si armonizza un accordo diminuito, come il Fa diesis diminuito di settima in "Danny Boy", includi la terza e la settima proprio come in ogni altro tipo di accordo (vedi esempio 10.5). Stai attento, la settima può apparire enarmonicamente come la sesta.

Esempio 10.5
Terza e settima per il Fa diesis di settima diminuita

troppo basso

Poiché la tredicesima è nella melodia, solo una nota di colore è necessaria per creare un voicing a cinque note. Quando si scelgono le note di colore per un accordo diminuito, la quinta è sempre una scommessa sicura. Inoltre, le note della scala ottatonica tono semitono, l'alternanza di toni e semitoni dalla tonica dell'accordo cominciando con un tono, possono servire come note di colore (vedi esempio 10.6). Per questo accordo, molte note sono buone scelte come note di colore, come Sol diesis, Si, Re e Fa. Poiché il Re è già nella melodia, non dovrebbe essere doppiato nel voicing.

Esempio 10.6
Scala ottatonica tono semitono di Fa diesis

La tonalità generale è una considerazione per scegliere una nota di colore. Le note diatoniche tendono a fondersi meglio rispetto alle note al di fuori della tonalità. In questo caso, Fa e Si sono entrambe diatoniche alla tonalità di Do, quindi saranno meno dissonanti rispetto al Sol diesis. L'esempio 10.7 mostra come le note di colore possano essere usate per formare voicing a cinque, sei, sette note per l'accordo diminuito.

Esempio 10.7
Voicing pieni per Fa diesis di settima diminuita

Nell'esempio qui sopra, è stato semplice riempire un accordo diminuito senza raddoppi. Tuttavia, ci saranno casi in cui le note dovranno essere doppiate oppure il voicing dovrà essere ridotto a quattro note.

Per esempio, se la melodia per lo stesso accordo fosse un Mi bemolle basso, l'accordo sarebbe significativamente più difficile da armonizzare. Poiché la settima è nella melodia, la terza deve essere aggiunta, come nell'esempio 10.8.

Esempio 10.8
Formare un accordo di Fa diesis di settima diminuita con una nota alla melodia più bassa

Partendo da qui, la quinta, cioè il Do naturale, è una buona aggiunta. Tuttavia, aggiungere un Re, la tredicesima, formerebbe una nona minore contro il Mi bemolle. Fa e Si sono delle possibilità, ma entrambi formano delle settime maggiori contro la nota nell'accordo, che, anche se tecnicamente accettabile, distrae dalla sonorità generale. In questa situazione, la soluzione migliore è doppiare una delle note dell'accordo per riempire il voicing. il Mi bemolle è la scelta migliore da doppiare poiché spazia note del voicing in modo bilanciato (vedi esempio 10.9).

Esempio 10.9
Voicing per il Fa diesis di settima diminuita con melodia bassa

quinta aggiunta

okay, ma settima maggiore tra Fa# e Fa

doppio Mi♭, accettabile per accordi diminuiti

Doppio Fa# okay, ma "pila di terze" in cima al voicing

Adesso, guarda l'accordo Fa diesis semidiminuito nella misura due. Per prima cosa, mantenendo tenuto il do alla melodia, riempi con la terza e la settima (vedi esempio 10.10).

Esempio 10.10
Formare un voicing per Fa diesis semidiminuito

basso e melodia

con l'aggiunta delle note essenziali

Quali note di colore possono essere aggiunte all'accordo? La melodia usa già una quinta bemolle, così la nona, undicesima, e tredicesima sono tutte possibilità tecnicamente (vedi esempio 10.11). Tuttavia, poiché gli accordi semidiminuiti sono casi speciali, è importante suonare gli accordi al piano e sentire quali note di colore si adattano meglio all'armonia.

Per gli accordi semidiminuiti, i pianisti possono scegliere sia una nona più bassa che una nona più alta. In questo caso la nona più bassa è Sol naturale e la nona più alta è Sol diesis. Nessuna delle due è una scelta particolarmente buona. Il Sol naturale forma una nona minore contro il basso e il Sol diesis è molto al di fuori della tonalità e distrae dalla sonorità dell'accordo.

L'undicesima, il Si naturale, potrebbe essere una scelta accettabile, ma se posizionato in un registro più alto, forma un cluster di seconde tra il La e il Do e se posizionato nel registro più basso, crea una pila di quarte che suona troppo modale in questo contesto.

Per gli accordi semidiminuiti, i pianisti possono scegliere una tredicesima più bassa o una tredicesima più alta. La tredicesima più bassa, il Re naturale è la scelta migliore come nota di colore. È vero, rende l'accordo simile a un Re dominante di settima con il Fa diesis nel basso, ma scorre verso il Mi modo piacevole senza alterare il colore degli accordi in maniera eccessiva. La tredicesima più alta, il Re diesis, è armonicamente troppo scioccante in questo contesto.

Anche con tutte queste opzioni per le note di colore, semplicemente doppiare la quinta, che crea un voicing meno colorato ma più chiaro, potrebbe essere la soluzione migliore.

Esempio 10.11
Voicing per Fa diesis semidiminuito

nona più bassa - nona minore contro il basso

nona più alta - Sol diesis è molto al di fuori della tonalità

undicesima - cluster in cima

undicesima - quarte in basso

tredicesima più bassa - funziona abbastanza bene

tredicesima più alta - okay, ma molta tensione

raddoppio della quinta

Il secondo accordo semidiminuito, il Mi semidiminuito nella misura tre, è molto più facile da armonizzare. La tonica è nella melodia, così sia la terza che la settima devono essere aggiunte (vedi esempio 10.12).

Esempio 10.12
Formare un voicing per Mi semidiminuito

basso e melodia

con terza e settima aggiunte, settima in basso

con terza e settima aggiunte, terza in basso

troppo basso

Qui, solo una nota di colore deve essere aggiunta, e la quinta bemolle è una scelta naturale poiché accentua la sonorità dell'accordo. L'esempio 10.13 mostra quattro modi diversi in cui le note dell'accordo semidiminuito possono essere arrangiate.

Esempio 10.13
Voicing per Mi semidiminuito

Creare Shared-Hand Voicing per i Rivolti

I **rivolti**, accordi con una nota diversa dalla tonica nel basso, sono comuni nell'armonia jazz standard. Devono essere trattati con regole diverse poiché hanno strutture intervallari diverse.

Quando si armonizzano i rivolti, la tonica diventa una nota essenziale che deve essere aggiunta sopra al basso. Con la tonica aggiunta alla terza e alla settima, ci sono adesso tre note essenziali da considerare.

Guardando ai rivolti nella misura due di "Danny Boy", la melodia e il basso entrambe suonano Sol, la quinta dell'accordo. Quando tutte e tre le note essenziali sono aggiunte, creeranno un voicing pieno di cinque note (vedi esempio 10.14).

Esempio 10.14
Rivolto con le sole note essenziali

okay, ma pesante in cima   cattiva spaziatura, quarta troppo bassa

Poiché quest'accordo ha solo le note essenziali, è carino aggiungere una sesta o settima nota che fornisca colore, come la nona o la tredicesima (vedi esempio 10.15).

Esempio 10.15
Rivolto con note di colore aggiunte

Per esplorare un altro scenario comune per i rivolti, fingi che ci sia la terza al basso del Do maggiore settima piuttosto che la quinta. L'esempio 10.16 mostra come le note essenziali mancanti, la tonica e la settima, possono essere aggiunte a questo accordo.

Esempio 10.16
Rivolto con le sole note essenziali

C^Δ7/E	C^Δ7/E	C^Δ7/E	C^Δ7/G
basso e melodia	con note essenziali aggiunte, tonica sotto la settima	con note essenziali aggiunte, settima sotto la tonica	nona minore tra Si e Do

Alcuni voicing interessanti possono essere creati aggiungendo la nona come nota di colore. In questa situazione, raddoppiare la terza è accettabile poiché l'orecchio ha bisogno di sentirla nel range medio, intorno al Do centrale. L'esempio 10.17 mostra alcuni possibili voicing con e senza la terza raddoppiata.

Esempio 10.17
Voicing pieno del rivolto con note di colore

possibile, ma non molto armonioso

Un altro modo di armonizzare un accordo in primo rivolto è armonizzare l'accordo equivalente in posizione di tonica. Ogni accordo maggiore in primo rivolto è identico a un accordo minore settima con la tredicesima bemolle basato sulla terza. Per esempio, un Do maggiore settima con Mi nel basso è uguale a un Mi minore settima con la tredicesima bemolle. Allo stesso modo, ogni accordo minore settima in primo rivolto è uguale a un accordo maggiore settima basato sulla terza. per esempio, un Do minore settima con il Mi bemolle al basso è uguale a un Mi bemolle maggiore settima. L'unica leggera differenza è che il rivolto dovrebbe probabilmente includere la tredicesima, che è la tonica dell'accordo originale.

Con queste equivalenze in mente, i voicing possono essere creati da una prospettiva diversa, andando attraverso il processo di armonizzazione della melodia con gli accordi equivalenti alla posizione di tonica (vedi esempio 10.18). Molti dei risultati sono simili anche se il procedimento è diverso.

Esempio 10.18
Ridefinire gli accordi in primo rivolto come accordi in posizione di tonica

la terza è nella melodia,
la settima va inclusa

con quinta e tredicesi-
ma bemolle, una
quinta più in basso

con quinta e
tredicesima bemolle,
una quinta più in alto

con raddoppio
del Sol

L'esempio 10.19 mostra una versione possibile delle quattro ultime misure di "Danny Boy", inclusi i voicing discussi per i tipi di accordi meno comuni.

Esempio 10.19
Le ultime quattro misure di "Danny Boy" con tutti i voicing

JEREMY'S TIPS: IL FREEZE GAME

Alcuni pianisti trovano difficile trovare istantaneamente le posizioni delle mani per voicing densi di sei o sette note. Il **freeze game** è un espediente pratico che aiuta i pianisti a trovare accordi densi velocemente e accuratamente (vedi esempio 10.20).

Le direzioni per il freeze game sono le seguenti:

1. Congelati dopo aver suonato ogni accordo e pensa alla posizione della mano per il prossimo accordo senza muoverti. Guarda i tasti del prossimo accordo o visualizza la posizione della mano.

2. Muoviti velocemente. Muoviti più velocemente e direttamente possibile verso i tasti per il prossimo accordo senza premerli e emettere un suono.

3. Controlla e assicurati che il movimento sia stato eseguito correttamente.

4. Suona l'accordo e congelati di nuovo immediatamente, pensando alla posizione della mano per il prossimo accordo senza muoverti.

5. Ripeti questo procedimento per ogni accordo, muovendoti sempre più velocemente tra i passaggi uno e quattro ma mano che movimenti diventano più facili.

Esempio 10.20
Il freeze game

| Congelati pensa alla posizione della mano per il prossimo accordo | Muoviti velocemente e direttamente senza premere i tasti | Suona l'accordo e preparati immediatamente per la prossima posizione | Muoviti velocemente e direttamente senza premere i tasti | Suona l'accordo e preparati immediatamente per la prossima posizione | Ripeti con pause sempre più corte tra gli accordi |

Il freeze game è efficace perché separa due aspetti che sono normalmente pensati come uno solo, muoversi verso un accordo e suonare l'accordo. Mentre è allettante focalizzarsi sul suonare l'accordo, è il movimento che richiede normalmente attenzione. Il movimento tra gli accordi deve essere preparato, diretto, veloce.

Per passaggi particolarmente difficili, gioca al freeze game con ogni mano separatamente prima di mettere le mani insieme. Inoltre, fai pratica nell'isolare le note esterne dell'accordo, la melodia e il basso, come guide prima di riempire il centro dell'accordo. Sarà molto più facile riempire le note interne quando sarà automatico trovare basso e melodia.

11. SUONARE BRANI SWING CON GLI SHARED-HAND VOICING

Trovare il modo migliore per armonizzare una melodia è il primo passo per creare un arrangiamento pianistico valido con gli shared-hand voicing. Le armonizzazioni di base hanno necessità di ritmo, articolazione, colore, varietà, e sorpresa per diventare dei brani a pieno titolo. Questo capitolo esamina come trasformare una melodia armonizzata in un arrangiamento swing.

Anche se "Danny Boy" è solitamente suonata come ballad, questo capitolo esplorerà modi di suonarla in stile swing. Esercitanti nel suonare l'esempio 11.1, che è un'armonizzazione di "Danny Boy". Nell'esempio, la melodia è posizionata sullo stesso pentagramma delle note del voicing poiché il pianista deve fare esercizio nel suonare sia l'accordo che la melodia con la mano destra.

Esempio 11.1
Armonizzazione di "Danny Boy", misure 1-4

Per trasformare l'armonizzazione di "Danny Boy" in un arrangiamento swing, è necessario aumentare il ritmo duplicando i valori delle note, allungando queste quattro misure in otto misure (vedi esempio 11.2). Aumentare il ritmo crea lo spazio ritmico per aggiungere sincopi in stile swing all'armonizzazione.

Esempio 11.2
Versione aumentata di "Danny Boy"

Accordo e Basso raggruppati insieme

I pianisti possono accompagnare con gli accordi e il basso insieme (vedi esempio 11.3). Questo raggruppamento consiste in due parti, la melodia nella mano destra e l'accompagnamento condiviso tra la destra e la sinistra. Quando si scelgono i ritmi per l'accompagnamento, bisogna pensare ai pattern comuni di comping introdotti nel capitolo cinque e notare dove c'è sufficiente spazio melodico per aggiungere un comp. Riempire gli spazi melodici con il comp è sia musicalmente appropriato, poiché gli accordi riempiono i silenzi, sia fisicamente pragmatico, poiché le mani del pianista non devono eseguire troppe funzioni allo stesso tempo.

L'esempio 11.3 **personalizza la melodia**, cioè, varia la melodia leggermente. È importante personalizzare la melodia sia per aggiungere swing attraverso le sincopi sia per dare tempo a cambi di diteggiatura complessi che potrebbero essere richiesti per rendere possibile l'accompagnamento. È importante impedire che suonare l'accompagnamento interrompa una nota tenuta nella melodia senza volerlo, ma invece è importante tenere ogni nota della melodia per il suo valore.

Esempio 11.3
Raggruppare accordo e basso insieme

Nella terza misura completa nell'esempio 11.3, l'armonizzazione include un La, la terza dell'accordo. Cosa dovrebbe fare il pianista quando il La è tenuto nella melodia ma lo stesso La è anche parte dello shared-hand voicing? Qui, la melodia ha la precedenza. Invece di rilasciare e risuonare il La per un comp, scegli un accordo più semplice di tre note e permetti alla nota della melodia di essere tenuta senza interruzioni. Il La può tornare al voicing nella misura successiva una volta che la melodia si è spostata in un'altra area del piano.

Anche se l'esempio 11.3 evita di avere la melodia suonata simultaneamente con l'accordo il basso, è comune suonare la melodia e l'accordo insieme. L'esempio 11.4 mostra cosa succede se un pianista mantiene il pattern di comping alla Red Garland mentre suona la melodia di "Danny Boy". Anche se l'esempio 11.4 non ha la vivacità ritmica dell'esempio precedente, ha un groove affidabile che sembra solido e rilassato.

Esempio 11.4
Accordi e basso insieme con il comping pattern alla Red Garland

Tutte le variazioni di comping del capitolo sei possono essere usate per gli shared-hand voicings, inclusi i push-off, il sidestepping, e la tonicizzazione. Queste variazioni aiutano l'accompagnamento a suonare più vivo, colorato, e indipendente (vedi esempio 11.5).

Esempio 11.5
Accordi e basso insieme con variazioni di comping

Tre parti separate

Un altro modo di usare un'armonizzazione della melodia è dare a ognuna delle tre parti la sua unica identità musicale. Per creare un feel tenuto indietro in questo stile, tieni il basso sul o vicino al battere dell'uno di ogni misura e suona gli accordi dopo il basso sul levare dell'uno o sul levare del due.

Esempio 11.6
Tre parti diverse con basso tenuto

Considera la possibilità di ornare il basso come discusso nel capitolo sei, usando espedienti come il quinto-primo, ripetere le note del basso venute prima, introdurre una nota di basso a un semitono di distanza, e utilizzare salti d'ottava, turn, e doppi vicini (vedi esempio 11.7). Poiché c'è molto da tenere a mente tra le tre parti separate, mantieni le decorazioni di basso relativamente corte e semplici.

Esempio 11.7
Tre parti diverse con decorazioni al basso

Per uno stile più sbarazzino, usa note al basso corte, mischia note al basso lunghe e appuntamenti musicali importanti come cadenze o climax melodici. Questo stile da spazio a più elaborate decorazioni di basso e la stessa nota al basso può essere ripetuta più volte in una misura (vedi esempio 11.8).

Esempio 11.8
Tre parti diverse con note corte al basso

nota al basso ripetuta più volte in una misura

note lunghe per cadenza

Stile Omofonico

Tutte e tre le parti possono essere suonate simultaneamente, creando un tessuto omofonico. In un tessuto omofonico, la melodia occasionalmente potrà discendere al di sotto delle note dell'armonizzazione della melodia. Per una melodia discendente, ometti le note più alte dell'accordo e accompagna usando un voicing più sottile o riposiziona la mano destra per aggiungere più note (vedi esempio 11.9)

Esempio 11.9
Melodia discendente per voicing omofonico, sia riposizionando che non riposizionando la mano

L'esempio 11.10 mostra una versione omofonica di questa armonizzazione della melodia. Sebbene non sia indicato nessun accordo per la misura di pick-up, un Sol di settima dominante è stato aggiunto per creare una cadenza cinque uno verso Do maggiore settima nella misura uno.

Esempio 11.10
Stile omofonico

Uno stile omofonico beneficia molto dei trucchi armonici già discussi in questo libro come il sidestepping, la tonicizzazione, e il planing. Le sostituzioni di tritono, in cui un pianista sostituisce un accordo di settima dominante con l'accordo di settima di dominante ad un tritono di distanza, sono utili in questo stile poiché consentono al pianista di minimizzare i movimenti in una progressione che segue il circolo di quinte. L'esempio 11.11 mostra una versione più colorata della stessa armonizzazione della melodia usando sostituzioni di accordi.

Esempio 11.11
Stile omofonico usando espedienti armonici

Mischiare gli Stili

Quando si crea un arrangiamento swing, non è necessario scegliere uno solo degli stili di armonizzazione della melodia. Questi stili possono essere mischiati per creare un arrangiamento pieno di varietà e sorpresa (vedi esempio 11.12).

Esempio 11.12
Armonizzazione con stili swing mescolati

Sebbene stili differenti siano stati presentati in questo in questo libro come entità separate, non dovrebbero rimanere separati nella performance. I pianisti usano frequentemente shared-hand voicing per riempire l'armonia mentre suonano in altri stili.

Quando si suona lo stride piano i pianisti stanno già suonando una porzione dell'accordo con la loro mano sinistra. Quindi possono usare l'armonizzazione della melodia per scegliere le note dell'accordo che creeranno uno shared-hand voicing. Per la parte bassa dell'accordo, segui le regole dell'armonizzazione della melodia. Quando armonizzi invece la parte alta dell'accordo, la tonica non ha bisogno di essere inclusa, poiché il suono della tonica rimane dalla parte bassa dell'accordo. L'esempio 11.13 mostra lo stride piano con gli accordi della mano destra aggiunti allo stile dell'armonizzazione della melodia.

Esempio 11.13
Stride piano più armonizzazione della melodia

È anche possibile aggiungere l'armonizzazione della melodia ad un pattern della mano sinistra nello stile di Bud Powell usando la mano destra per riempire le note mancanti di uno shared-hand voicing (vedi esempio 11.14). In questo esempio, l'accordo è spesso anticipato o ritardato per aggiungere sincopi allo swing feel.

Esempio 11.14
Basso alla Bud Powell più shared-hand voicing

JEREMY'S TIPS: INFILARE IL MIGNOLO SOTTO

Suonare la melodia e l'accompagnamento nella stessa mano richiede spesso una diteggiatura creativa. Una tecnica di diteggiatura particolare in questo stile è **infilare il mignolo sotto** al quarto dito per facilitare una discesa melodica legata.

L'esempio 11.15 mostra le prime misure dell'esempio 11.3 con la diteggiatura aggiunta alla mano destra. Nella seconda misura completa, è possibile creare un legato alternando tra le dita cinque e quattro. Per raggiungere il vero legato, il quinto dito deve scorrere sotto al quarto e suonare il tasto successivo senza nessun silenzio tra le tue note. Questo è il movimento richiesto per infilare il mignolo sotto all'anulare.

Esempio 11.15
Movimento del mignolo

Sebbene sia più comune per il mignolo usare il movimento descritto per connettere le note suonate dal terzo o dal quarto dito, il quarto dito può anche occasionalmente eseguire lo stesso movimento sotto al terzo dito. Pratica scale discendenti con questa diteggiatura inusuale per rendere comodo con il passaggio sotto (vedi esempio 11.16). Assicurati di rilassare e sciogliere le mani e fare pause frequenti quando ti eserciti su queste scale poiché i pianisti possono sviluppare la tendinite se impiegano molto tempo in posizioni pianisticamente scomode.

Esempio 11.16
Scale con il passaggio sotto

Per un ulteriore approfondimento

Broadbent, Alan. "Journey Home." *Heart to Heart: Solo Piano*. Chilly Bin Records, 2012.
Evans, Bill. "What Kind of Fool Am I." *Alone Again*. Fantasy, 1977.
Fischer, Clare. "After You've Gone." *Just Me*. Concord, 1995.
Jones, Hank. "Have You Met Miss Jones." *Have You Met Hank Jones*. Savoy, 1956.
Shearing, George. "It's You or No One." *Piano*. Concord, 1989.

12. IMPROVVISARE CON GLI SHARED-HAND VOICING

Poiché i pianisti preferiscono avere libera la mano destra nell'improvvisare, gli shared-hand voicing sono usati con parsimonia nell'improvvisazione. Quando bisogna improvvisare, i pianisti spesso scelgono di accompagnarsi usando lo stride, il comping in stile stride, o linee di basso anziché gli shared-hand voicing. Tuttavia, ci sono delle occasioni in cui è vantaggioso usare gli shared-hand voicing in un solo. Questo capitolo condivide alcune strategie per improvvisare con gli shared-hand voicing e dà dei consigli su quando abbandonare gli shared-hand voicing e scegliere altri tipi di voicing.

Usare gli Shared-Hand Voicing

Un modo per entrare agevolmente nell'improvvisazione con gli shared-hand voicing è creare un'improvvisazione che segua da vicino la melodia originale. Gli stessi voicing possono essere usati se l'improvvisazione incorpora le note della melodia che arrivano simultaneamente con ogni cambio di accordo (vedi esempio 12.1).

Esempio 12.1
Armonizzazione della melodia più variazioni melodiche

Oltre ad atterrare sulle stesse note della melodia, le posizioni della mano derivanti dall'armonizzazione della melodia possono aiutare a guidare un'improvvisazione. Usare queste posizioni della mano consente al pianista di accedere ai voicing derivanti dall'armonizzazione, anche se non atterrano necessariamente sulla nota della melodia originale (esempio 12.2).

Esempio 12.2
Improvvisazione che usa le stesse posizioni della mano dell'armonizzazione della melodia

Un altro modo di usare l'armonizzazione originale è suonare in uno stile domanda e risposta, con la mano destra che fa la spola avanti indietro tra improvvisazione e accompagnamento. In questo stile, la mano destra deve avere tempo per muoversi in giù verso il registro medio in modo da poter afferrare la sua porzione del voicing seguendo il ritmo (vedi esempio 12.3).

Esempio 12.3
Comping in stile domanda e risposta

Sebbene sia più facile attenersi a voicing conosciuti, un pianista dovrebbe avere come fine ultimo il familiarizzare con gli shared-hand voicing al punto in cui può armonizzare istantaneamente qualsiasi nota della melodia con qualsiasi accordo. Con questa abilità, il pianista può formulare voicing per qualsiasi nota improvvisata della melodia che abbia bisogno di essere armonizzata. Nota nell'esempio 12.4 che lo stesso accordo ha diversi voicing man mano che le note della melodia cambiano.

Esempio 12.4
Improvvisazione con voicing aggiustati per le note della melodia

Per lavorare sul trovare dei voicing all'impronta, incomincia con lo scrivere l'armonizzazione per più melodie e impara ognuna di esse al piano, come discusso nel capitolo nove. Per tener traccia del processo, fai pratica nell'armonizzare i modi che vanno con ogni accordo. L'esempio 12.5 mostra una possibile armonizzazione per le note di Do Lidio.

Esempio 12.5
Armonizzazione della scala di Do lidio

Nota che esempio 12.5 non è l'armonizzazione perfetta per ogni tonalità. Poiché i voicing dipendono dai limiti dell'intervallo più basso, diversi voicing suoneranno bene o cupi a seconda di dove essi risiedono nel registro complessivo del piano. Invece di trasporre semplicemente l'esempio 12.5, tratta ogni tonalità come un esercizio a sé stante.

Se un pianista riesce ad armonizzare istantaneamente nuove note della melodia, può praticare l'accompagnamento dell'improvvisazione con un comping omofonico usando gli shared-hand voicing, aggiustando i voicing man mano che la melodia cambia (vedi esempio 12.6). In questo stile, occasionali raddoppi sono accettabili se aiutano a rendere più suonabile un passaggio.

Esempio 12.6
Improvvisazione con un comping omofonico usando gli shared-hand voicing

Per una sfida speciale che può essere musicalmente eccitante, pratica gli shared-hand voicing omofonici con basso e melodia che si spostano per moto contrario (vedi esempio 12.7). Eseguire questo stile efficacemente richiede un accesso molto veloce agli shared-hand voicing e molta pratica con la riarmonizzazione (vedi capitolo quattordici) ma presenta un esercizio molto soddisfacente per i pianisti avventurosi.

Esempio 12.7
Tessuto omofonico con moto contrario tra melodia e basso

Compromessi nel Comping

Anche se le strategie di cui sopra consentono al pianista di usare gli shared-hand voicing per l'improvvisazione, altri tipi di voicing dovrebbero essere usati quando gli shared-hand voicing diventano poco pratici.

A volte è necessario usare solo la porzione dello shared-hand voicing della mano sinistra. Per esempio, sarebbe quasi impossibile usare gli shared-hand voicing per accompagnare con il ritmo di Red Garland per la melodia nell'esempio 12.2. La mano destra è occasionalmente troppo densa ritmicamente o troppo bassa per suonare realisticamente la sua parte del voicing. In questi momenti, la porzione della mano sinistra del voicing può essere usata da sola (vedi esempio 12.8).

Esempio 12.8
Usare solo la porzione della mano sinistra dello shared-hand voicing

I pianisti possono anche usare i rivolti dell'accordo per adeguare un voicing in modo conveniente alla mano o per creare varietà nel colore del voicing (vedi esempio 12.9). I rivolti tendono a essere particolarmente utili man mano che l'improvvisazione si sposta in un registro più alto poiché evitano che voicing diventino troppo larghi.

Esempio 12.9
Shared-hand voicing usando i rivolti

Quando l'improvvisazione della mano destra si sposta in un registro più alto, i pianisti di solito spostano la mano sinistra nel registro medio e accompagnano usando degli shell voicing nel registro medio (vedi esempio 12.10). Bill Evans accompagna spesso nel registro medio le sue improvvisazioni dopo aver suonato la melodia con gli shared-hand voicing.

Esempio 12.10
Spostare la sinistra verso il registro medio

spostati nel
registro medio

di nuovo
giù

Alternativamente, le melodie alte possono essere accompagnate con un comping in stile stride e shell voicing con una sola mano come discusso nel capitolo cinque e sei. In questi scenari, la sinistra si occupa sia del basso che delle funzioni di accordo mentre la destra improvvisa liberamente (vedi esempio 12.11).

Esempio 12.11
Usare il comping in stile stride e shell voicing con una sola mano

comping in stile
stride

shell voicing
con una sola
mano

comping in
stile stride

JEREMY'S TIPS: CREARE UN'OUTLINE

L'outline è un espediente che ho imparato da Sophia Rosoff, un insegnante di pianoforte classico che è la discepola del leggendario pedagogista Abby Whiteside, e l'insegnante di pianoforte classico di grandi pianisti come Barry Harris, Fred Hersch, Aaron Parks e Ethan Iverson. L'outline fu originariamente inventata per esercitarsi nella musica classica, ma può aiutare anche i pianisti jazz.

Creare un outline è il processo di ridurre la musica al suo scheletro essenziale per trovare la sua essenza di base prima di riempirla con i dettagli musicali. Creare un outline aiuta l'orecchio a sentire il fraseggio musicale più ampio piuttosto che focalizzarsi sui piccoli movimenti da nota a nota e aiuta il corpo a coreografare i movimenti che servono per eseguire i punti principali della frase prima di aggiungere i piccoli movimenti delle dita.

Un'outline può essere creata dalle misure di apertura del "Preludio n.9 in Mi Maggiore" di Bach scegliendo le note che rappresentano meglio i tempi uno e tre (vedi esempio 12.12). Non c'è necessariamente una singola outline più giusta di un'altra per un brano. In questo caso, i tempi uno e tre sembrano abbastanza frequenti per dare un senso alla musica e ampi abbastanza da ridurre significativamente l'affollamento dello spartito. Diverse outline possono essere create dalle note sul tempo uno o dalle note di ogni tempo della misura. Trovare la giusta outline per un brano può richiedere un processo per tentativi, ma una buona outline può effettivamente riassumere il contenuto musicale di un passaggio con solo poche note.

Esempio 12.12
Outline del "Preludio n.9" di Bach dal Clavicembalo Ben Temperato, Libro 1

In modo analogo, non c'è necessariamente una risposta corretta quando si scelgono le note che rappresentano meglio ogni movimento. Nell'esempio 12.12, la maggior parte delle note sono semplicemente quelle che cadono sul battere. Tuttavia, i due punti contrassegnati da un asterisco, le note scelte sono quelle che non cadono sul battere ma sembrano rappresentare meglio il momento armonico.

Cosa fa un pianista con un'outline? Primo, la esegue come frase a sé, senza pensare alle note in mezzo. Prendi decisioni su come darle forma e su che gesti fisici esprimeranno meglio la frase. Questo è un ottimo momento per esercitarsi nei movimenti che partono non solo dalle mani e dalle dita, ma dai gomiti, dalla parte superiore del braccio, e dal busto. Anche se esercitarsi su un'outline può sembrare semplice, passare tempo con essa trasformerà il modo in cui un pianista sente la musica quando ritorna allo spartito completo.

Una volta che si padroneggia un'outline, le note che sono state eliminate possono essere aggiunte di nuovo. Man mano che le note eliminate sono reintrodotte, mantieni le forme e i gesti dell'outline. Sophia chiamava questo processo "infilare i movimenti". Volendo dire che man mano che ogni movimento è aggiunto, dovrebbe adattarsi in modo fluido alla cornice stabilita dall'outline.

Riempi i movimenti uno alla volta iniziando dalla fine della misura. Per esempio, comincia con aggiungere le note mancanti del quarto movimento di ogni misura all'outline del preludio di Bach (vedi esempio 12.13).

Esempio 12.13
Outline del "Preludio n.9" di Bach con il quarto movimento aggiunto.

Dopo che le note del quarto movimento sono state infilate con successo, continua ad aggiungere movimenti cominciando dalla fine della misura, cominciando dal movimento numero tre, continuando col movimento due, e finalmente infila il movimento uno, finché tutte le note dello spartito originale di Bach siano state restaurate. Anche se la musica dello spartito restaurato saranno le stesse, il procedimento di creazione dell'outline avrà dato alle note un senso più profondo e intenzionale.

Improvvisare delle outline può essere un ottimo punto di partenza per l'improvvisazione jazz. Quando si improvvisa un'outline, i pianisti dovrebbero cercare di scegliere dei voicing che riassumano la progressione armonica con solo un voicing per ogni cambio di accordo, spostarsi fluidamente e direttamente tra i voicing usando i loro gomiti e il busto, e fare quanta più musica possibile nonostante si sia limitati a un concetto così essenziale. Una prima outline improvvisata per "Danny Boy" potrà sembrare qualcosa come l'esempio 12.14.

Esempio 12.14
Outline improvvisata con un voicing per ogni cambio di accordo

Passa ore a improvvisare outline come nell'esempio 12.14, cercando di creare bella musica nonostante le limitazioni significative. Dopo esserti esercitato con un voicing per ogni accordo, incomincia a infilare i movimenti dalla fine di ogni misura. Nell'esempio 12.15 si aggiunge un lead-in di un quarto ogni cambio di accordo. Ovviamente, un'outline improvvisata sarà inerentemente diversa ma poiché le outline negli esempi sono state scritte, i voicing dell'esempio 12.14 sono usati come base per l'esempio 12.15.

Esempio 12.15
Outline improvvisata con aggiunta di un lead-in di un quarto

Non c'è un modo giusto o sbagliato di aggiunge raccordi a un'outline. L'esempio 12.15 crea dei lead-in che variano dalla nota singola all'accordo completo. I lead-in possono essere degli approcci cromatici all'accordo successivo o una ripetizione o rivolto dell'accordo precedente.

Continua a infilare movimenti finché l'outline abbia una nuova nota o un nuovo accordo ogni quarto, o per i pianisti ambiziosi, ogni ottavo. Poiché le outline di ottavi si muovono così velocemente, usare note singole tende a essere più pratico e a suonare più organizzato rispetto a usare accordi completi per ogni ottavo (vedi esempio 12.16).

Esempio 12.16
Outline improvvisata con ottavi

Creare un'outline aiuta il pianista a sentire il nucleo ritmico della musica mentre scopre modi inusuali per costruire intorno a quel nucleo. È un ottimo modo di rendere fresca un'interpretazione di un brano quando diventa stagnante o frustrante.

Per un Ulteriore Approfondimento

Brubeck, Dave. "In Your Own Sweet Way." *Brubeck Plays Brubeck.* Columbia, 1956.
McPartland, Marian. "It's You or No One." *Live at Maybeck Recital Hall, Volume Nine.* Concord, 1991.
Walton, Cedar. "Someday My Prince Will Come." *Underground Memoirs.* HighNote, 2005.
Whiteside, Abby. *Abby Whiteside on Piano Playing.* Amadeus Press, 2003.

13. LE BALLAD IN STILE QUARTER-NOTE

Ci sono così tanti modi di suonare una ballad quanti sono i pianisti jazz. I capitoli seguenti descriveranno gli approcci più comuni alle ballad nello stile del piano solista.

Quarti Ripetuti

In una **ballad in stile quarter-note**, un quarto ripetuto dolcemente è suonato in una voce interna di uno shared-hand voicing. Il quarto ripetuto serve come segnatempo, sostituendo le spazzole di un batterista sul rullante, che marcherebbe la pulsazione per una ballad in un gruppo più ampio. Generalmente, questo stile di ballad è suonato con ottavi normali (non swing n.d.t). Alcuni pianisti moderni, incluso Keith Jarrett, Brad Mehldau, e Fred Hersch, usano questo approccio. Quando eseguite bene, le ballad in stile quarter-note pongono enfasi soprattutto sulla melodia e comunicano il brano in modo intimo e diretto all'ascoltatore.

Tipicamente, la nota ripetuta è suonata dal pollice della mano destra o della mano sinistra nel range del tenore, approssimativamente tra Do3 e Do4. Occasionalmente, due note sono usate come segnatempo, più comunemente quando il pianista usa il corner thumb. È imperativo che queste ripetizioni siano molto delicate, quasi inudibili, percepite ma non sentite chiaramente.

L'armonizzazione della melodia di "Danny Boy" dal capitolo nove servirà come base per gli esempi in questo capitolo. Nella prima misura, il pollice della mano sinistra è troppo basso per servire come nota ripetuta (vedi esempio 13.1). La nota più bassa nella mano destra, che suona due note usando il corner thumb, dovrebbe essere invece ripetuta. Nella seconda misura, il pollice della mano destra non dovrebbe servire come nota ripetuta poiché si sovrappone alla melodia, dunque la nota ripetuta si sposterà al pollice della mano sinistra.

Esempio 13.1
Ballad in stile quarter-note

Con la ripetizione del quarto che sottolinea alcune parti dell'accordo, è facile vedere i benefici di un buon voice leading. Nell'esempio 13.1, la linea creata dalle note ripetute scende dolcemente dal Mi nella misura due al Re e al Do nella misura tre.

Nelle ultime quattro misure di "Danny Boy", il ritmo armonico accelera ad un cambio di accordo per ogni movimento (vedi esempio 13.2). Se il ritmo armonico sta già cambiando in quarti, non c'è bisogno di aggiungere delle pulsazioni ulteriori in quarti. Riempi solo dove ci sono spazi mancanti.

Esempio 13.2
Ultime quattro misure di "Danny Boy" con pulsazioni in quarti

Poiché ci sono così tante note negli accordi della mano sinistra dell'esempio 13.2, il pianista può scegliere un dito diverso dal pollice per la ripetizione, pur rimanendo nel range del tenore (vedi esempio 13.3).

Esempio 13.3
Ultime quattro misure di "Danny Boy" con il secondo dito che ripete

Introdurre Tensioni

Le tensioni sono note introdotte sul battere per creare suspense e necessitano risoluzione. Tipicamente, queste note sono ad un tono o ad un semitono di distanza dalla nota dell'accordo.

Le **tensioni** somigliano molto alle ultime due parti di una sospensione nella teoria classica, sospensione e risoluzione. Tuttavia, poiché le note di tensione non sono propriamente introdotte come sospensioni, il termine "sospensione" non si applica. Come le sospensioni, le tensioni non dovrebbero essere introdotte quando la nota di risoluzione è presente.

Molte di queste tensioni saranno familiari ai musicisti con background classico. La tensione più comune da introdurre è una quarta sopra al basso che risolve una terza sopra al basso. È anche comune risolvere una settima sopra il basso verso una sesta sopra il basso, particolarmente per gli accordi in primo rivolto.

Tuttavia, poiché l'armonia jazz consente così tante note dell'accordo, ci sono molte tensioni usate dai musicisti jazz che scioccherebbero un teorico classico (vedi esempio 13.4). Per esempio, i musicisti jazz possono "risolvere" una settima maggiore verso una settima minore, una quinta perfetta verso una undicesima diesis, o una nona diesis verso una nona bemolle. A volte, l'armonia può risolvere in alto. Per esempio, una quinta diesis può risolvere verso una sesta e una quarta diesis può risolvere verso una quinta.

La parola "risolve" dovrebbe essere virgolette poiché alcune delle supposte risoluzioni semplicemente cambiano la sonorità dell'accordo piuttosto che risolvere la dissonanza. Anche se i più tipici abbellimenti si muovono da un suono più denso a un meno denso, un cambio di colori è abbastanza per creare movimento in un arrangiamento di piano solista.

Esempio 13.4
Combinazioni possibili di ensione-risoluzione

L'esempio 13.5 mostra le prime misure di "Danny Boy" abbellite usando delle tensioni creative. Nella misura uno, una quinta diesis risolve in su verso la sesta. Nella misura tre, una settima maggiore risolve verso una settima minore e una quarta risolve verso la terza. Infine, nella misura quattro, una quinta perfetta risolve verso una undicesima diesis.

Esempio 13.5
Usare tensioni creative

Le tensioni non devono essere necessariamente essere introdotte come parte di quarti ripetuti. Le tensioni possono essere introdotte in qualsiasi voce e poi essere dotate di una propria risoluzione nel battere successivo. Per esempio, nella quarta misura di "Danny Boy", anche se i quarti ripetuti sono nella mano destra, il pianista può aggiungere quarti nella mano sinistra che risolvano la settima maggiore verso la settima minore, la settima appropriata per l'accordo dominante (vedi esempio 13.6).

Esempio 13.6
Risoluzione lontana dalla nota ripetuta

Inoltre, più tensioni possono essere introdotte contemporaneamente e queste tensioni non devono necessariamente risolvere allo stesso modo. L'esempio 13.7 mostra due esempi di tensioni introdotte e risolte contemporaneamente. Nel primo esempio, tre note risolvono insieme dal movimento uno al movimento due. Nel secondo, due note cromatiche risolvono in direzioni opposte.

Esempio 13.7
Tensioni multiple risolte contemporaneamente

È comune decorare le tensioni con turn, ripetizioni e enclosure che sottolineano il movimento interno. L'esempio 13.8 mostra alcuni modi di decorare le misure tre e quattro di "Danny Boy".

Esempio 13.8
Decorare le tensioni e le risoluzioni

Un modo speciale per decorare tensioni e risoluzioni e raddoppiarle in ottave (vedi esempio 13.9). Doppiare le ottave funziona solo quando la melodia è tenuta o è in fase di riposo poiché richiede la disponibilità delle dita di entrambe le mani. Se fatto in modo corretto il raddoppio dell'ottava può creare una sensibilità orchestrale nel contesto di una ballad.

Esempio 13.9
Doppiare tensioni e risoluzioni in ottave

Essere Creativi con il basso e il registro acuto

In aggiunta a muovere le voci interne in stile quarter-note ballad, i pianisti possono essere creativi con la melodia e il basso.

Generalmente, il basso è suonato simultaneamente con ogni cambio di accordo e tenuto per la lunghezza dell'accordo. Per aggiungere sincope, il basso può essere spostato di un'ottava in entrambe le direzioni, anticipando o seguendo il cambio di accordo (vedi esempio 13.10).

Esempio 13.10
Ritardo e anticipazione del basso

Oltre alla sincope e al ritardo, è possibile ripetere una decorazione delle note del basso o formare dei lead-in di semitono verso l'accordo successivo (vedi esempio 13.11).

Esempio 13.11
Ripetizioni e lead-in di basso

lead-in di semitono   ripetizione   cinque-uno   doppio lead-in di semitono   ripetizione

Oltre a riempire il basso, tutto il registro superiore è disponibile per riempire gli spazi tra le frasi melodiche usando accordi o melodie (vedi esempio 13.12). Poiché lo stile della quarter-note ballad è così intimo, i pianisti dovrebbero evitare veloci e virtuosistiche fioriture in favore di macchie di colore più raffinate.

Esempio 13.12
Riempire il registro superiore

Suonare la Melodia con Espressività

Suonare una ballad in stile quarter-note può sembrare come impersonificare un solista e un accompagnatore allo stesso tempo. Poiché così tanta attenzione è riposta direttamente sulla melodia, è imperativo che i pianisti imparino a suonare la melodia con espressività. Un espediente che i pianisti possono prendere in prestito dai cantanti è il **back-phrasing**, suonare la melodia con un significativo ritardo ritmico (vedi esempio 13.13). Quando si pratica il back-phrasing i pianisti devono imparare le parole della canzone che stanno suonando e fraseggiare la loro melodia in un modo che faccia onore al ritmo, all'accentuazione, e al contenuto del testo. Anche se i pianisti possono diventare ansiosi circa il seguire l'armonia, affrettare la melodia dovrebbe essere evitato poiché correre verso le risoluzioni distrugge il mood calmo che pervade una buona ballad suonata in stile quarter-note.

Esempio 13.13
Back-phrasing

Se il back-phrasing è possibile, esiste qualcosa come il **forward-phrasing**, suonare la melodia prima di come è scritta? Esiste, ma poiché essere un po' indietro suona alla moda e essere un po' avanti può suonare frenetico, il forward-phrasing non è così comune come il back-phrasing, il forward-phrasing può funzionare se più sottile e su una scala più piccola rispetto al back-phrasing (vedi esempio 13.14).

Esempio 13.14
Forward-phrasing

Un altro modo di personalizzare la melodia è suonare la melodia con una varietà di articolazione, incluso note legate, note staccate, note non legate, acciaccature di due note (vedi esempio 13.15). Avere una varietà dell'articolazione dà alla melodia una personalità unica e aiuta a distinguere la melodia accompagnamento più uniforme.

Esempio 13.15
Suonare la melodia con articolazioni varie

JEREMY'S TIPS: IL PEDALE NELLO STILE QUARTER-NOTE BALLAD

I pianisti dovrebbero alzare parzialmente il pedale ad ogni quarto quando suonano una ballad in stile quarter-note (vedi esempio 13.16). Alzare parzialmente il pedale è chiamato **half-pedaling** o **half-clearing**, anche se la profondità di un'alzata dipende dalla regolazione dei pedali. L'half-pedaling si addice alla ballad in stile quarter-note poiché alzare completamente il pedale per ogni quarto introduce dei silenzi che creano una performance frammentaria mentre mantenere il pedale giù per più quarti sacrifica la chiarezza della melodia. Anche se il pedale è attivato ad ogni quarto, è importante suonare la melodia con quanto più legato nelle dita possibile. Mentre il pedale facilita le connessioni tra gli accordi e crea un'atmosfera di intimità, non è uno strumento così efficace nel connettere una melodia legata.

Esempio 13.16
Il pedale nelle ballad in stile quarter-note

Per avere un'idea di come si alza il pedale parzialmente, passa un momento a trovare diverse profondità del pedale del sustain. Senza suonare una nota, premi il pedale fino in fondo. Dopo aver notato la profondità del pedale, prova a trovare due punti equidistanti nella profondità del pedale stesso. Dopo aver trovato due punti equidistanti, è possibile trovarne tre? Quattro? Cinque?

Successivamente, suona un solo accordo con il pedale giù e sperimenta con il sollevare il pedale a differenti altezze. I risultati saranno diversi da pianoforte a pianoforte e queste sfumature probabilmente non faranno nessuna differenza su un piano digitale. Ascoltando l'accordo, la profondità appropriata del mezzo pedale sarà un punto dove la coda del suono persiste ma l'attacco primario scompare.

Per un Ulteriore Approfondimento

Blake, Ran. "You Stepped Out of a Dream." *Grey December: Live in Rome*. Tompkins Square Records, 2011.
Brubeck, Dave. "For All We Know." *Private Brubeck Remembers*. Telarc, 2004.
Hersch, Fred. "All of You." *Songs Without Words, Volume 3: Cole Porter*. Nonesuch, 2001.
Mehldau, Brad. "Someone to Watch Over Me." *Live in Tokyo*. Nonesuch, 2004.
Mehldau, Brad. "On the Street Where You Live." *10 Years Solo Live*. Nonesuch, 2015.

14 VARIAZIONI NELLO STILE QUARTER-NOTE BALLAD

Una volta che è stato padroneggiato lo stile quarter-note ballad, ci sono infiniti modi di variare il tessuto di base e creare diversi stili di ballad.

Aggiungere gli ottavi

Aggiungere gli skip-beat, ottavi in levare che conducono sul battere dell'uno e del tre, crea un ritmo che ricorda un batterista che suona un tempo di ballad con le spazzole sul rullante. Poiché tenere il ritmo suona meglio movendosi dall'alto verso una nota più bassa, l'esempio 14.1 include alcuni aggiustamenti che riguardano quali note tengono il tempo in quarti. Anche se non è una performance di piano solista, "For All We Know", da *Jasmine*, l'album di Keith Jarrett in duo con il bassista Charlie Haden, fornisce una grande dimostrazione di questo stile ritmico.

Esempio 14.1
Ballad in stile quarter-note con skip-beat che conducono al battere dell'uno e del tre

In alternativa, gli skip-beat in ottavi possono condurre al battere del due e del quattro, creando gruppi di tre ottavi che cominciano sul movimento uno e tre (vedi esempio 14.2). Jarrett usa anche questo pattern, che può essere ascoltato nella sua versione di "Someone to Watch Over Me" da *The Melody at Night, With You*.

Esempio 14.2
Ballad in stile quarter-note con skip-beat che conducono al battere del due e del quattro

Una **costant-eights ballad** aggiunge gli ottavi tra tutti i quarti per creare un tessuto di ottavi che scorre (vedi esempio 14.3). Un modo semplice per creare un tessuto di constant eights che suoni pieno è arpeggiare gli accordi della mano sinistra in ottavi mentre si tengono costanti i quarti nella mano destra. Questi tessuti di doppio accompagnamento risultano in diverse combinazioni di accordi e di note singole tra le mani..

Esempio 14.3
Constant-eights ballad

Per aggiungere ricchezza all'armonia in una costant-eights ballad, crea delle diadi sotto la melodia della mano destra e sopra il basso nella mano sinistra. È molto importante aggiungere note extra ai movimenti in cui l'armonia cambia cosicché l'ascoltatore possa sentire l'accordo con chiarezza prima che venga diviso in arpeggi (vedi esempio 14.4). I pianisti che pensano velocemente possono aggiungere diadi quasi a qualsiasi ottavo, ottenendo un sound di ballad ricco e denso.

Esempio 14.4
Costant-eights ballad con diadi aggiunte

Aggiungere Sincope

Spostare i quarti ripetuti della ballad in stile quarter-note sui levare crea una **ballad in stile ECM**, così soprannominata in onore dell'etichetta discografica europea famosa per i groove in ottavi (vedi esempio 14.5). In questo stile, i quarti ripetuti sul levare del due e del quattro non anticipano l'accordo successivo come farebbero nel swing e nel samba.

Esempio 14.5
Ballad in stile ECM

La ballad in stile ECM di solito suona meglio con accordi di due o tre note ripetuti sul levare piuttosto che singole note (vedi esempio 14.6). Riarrangiare gli elementi dell'armonizzazione può essere necessario per creare questi accordi. Il risultato può essere suonato sia col pedale per un sound sospeso e sognante o con quarti staccati per un sound attivo e caustico.

Esempio 14.6
Ballad in stile ECM con accordi in levare

Per creare un grove che sia passabile come stile generico "Latin", aggiungi accordi alla mano sinistra sull'uno e sul levare del due della ballad in stile ECM. Nota che per l'esempio 14.7 e il resto degli esempi in questo capitolo, la melodia di "Danny Boy" è aumentata per creare uno spazio più ritmico per groove diversi. Ciò che era prima quattro misure di melodia con ottavi e quarti è stato ricostruito come otto misure di melodia con quarti e minime.

Esempio 14.7
Ballad in stile ECM con sinistra sincopata

Una **tango ballad** può essere creata aggiungendo la tipica linea di basso alla ballad in stile ECM (vedi esempio 14.8). Il tango è una forma d'arte complicata e varia che merita molti anni di studio, ma questa semplice linea di basso si focalizza sull'enfatizzare il battere del tre con una nota alta e nel creare una connessione forte e accentuata tra il battere del quattro e dell'uno. Nota che come la melodia si abbassa, sono necessari dei compromessi musicali per adeguare basso, melodia, e accordi ripetuti al registro più basso del pianoforte.

Esempio 14.8
Tango ballad

Mentre la ballad in stile ECM usa tutti i levare dei quarti, uno stile che assomiglia alla **bossa nova** può essere creato mischiando alcuni battere e alcuni levare dei quarti. Il ritmo **partido alto** è un utile riferimento per mischiare battere e levare dei quarti per un feel bossa nova (vedi esempio 14.9). Mentre un pianista non ha bisogno di aderire strettamente al ritmo del partido alto quando suona una bossa nova, è un utile punto di partenza per l'accompagnamento bossa nova.

Esempio 14.9
Ritmo partido alto

Oltre al ritmo partido alto, la bossa nova richiede note al basso sul battere dell'uno e del tre (vedi esempio 14.10). La linea di basso bossa nova più tipica sottolinea la tonica e la quinta dell'accordo, a volte aggiungendo uno skip-beat sul levare del due o del quattro per enfatizzare il battere successivo.

Esempio 14.10
Bossa Nova

La ballad con quarti ripetuti non deve essere necessariamente limitata al tempo in quattro quarti. L'esempio 14.11 mostra come gli stili di cui sopra si traducono nel tempo tre quarti per creare diverse varietà di **waltz ballad**.

Stili di waltz ballad

Waltz Ballad

Waltz Ballad con Ottavi Aggiunti

Constant-Eighth Waltz Ballad

Waltz Ballad in Stile ECM

JEREMY'S TIPS:
IL VOICING E L'ASCOLTO DEI DIVERSI ELEMENTI

Quando i pianisti suonano gli accordi, di solito vogliono far emergere una nota più delle altre. Portare questa nota fuori è chiamato voicing . Sì, è la stessa parola usata per descrivere i voicing degli accordi, ma con un significato diverso, alcuni pianisti dicono che per raggiungere un voicing ideale per una ballad jazz, i pianisti dovrebbero suonare con i loro mignoli più in basso rispetto ai loro pollici, come per prendere una palla da baseball. Questa posizione della mano aiuta il pianista a enfatizzare il basso nella sinistra e la melodia nella destra.

Quando ci si esercita nel voicing, un pianista deve considerare due aspetti principali, l'orecchio e le dita. Prima di preoccuparsi della tecnica, è fondamentale che l'orecchio conosca quale nota sta sentendo poiché una buona parte del voicing è creare l'illusione uditiva di una connessione tra le note principali. Se il pianista sente le note principali chiaramente, c'è una buona probabilità che sarà capace di portarle fuori. Un modo per esercitarsi nell'aspetto uditivo del voicing è suonare le note principali con una mano e le note non principali con l'altra mano in modo che il pianista possa creare differenti relazioni dinamiche per le due parti senza che la tecnica diventi una barriera.

Un altro modo per focalizzare l'orecchio su un particolare elemento è cantare solo quell'elemento mentre si suona l'intero arrangiamento. È possibile suonare un intero arrangiamento mentre si canta la melodia? Il basso? La linea del tenore? Per una sfida speciale, prova a cantare il solfeggio di ogni parte mentre si suona l'intero arrangiamento (vedi esempio 14.12).

Esempio 14.12
Cantare il solfeggio di ogni parte

Un modo inusuale di attirare l'attenzione su ogni differente elemento è trasporre solo quell'elemento di mezzo tono mentre si lascia il resto del'arrangiamento nella tonalità originale (vedi esempio 14.13). Trasporre solo un elemento crea un tutto che suona dissonante ma forza l'orecchio e il cervello a focalizzarsi sul mantenere l'integrità della linea trasposta. Mentre si pratica questo esercizio probabilmente i vicini diventeranno matti, ma si svilupperà una più alta consapevolezza di ogni singola parte.

Esempio 14.13
Trasporre solo un elemento

Da un punto di vista tecnico, il voicing è difficile poiché il pianista deve essere capace di suonare note multiple a diversi livelli dinamici senza sacrificare la simultaneità dell'accordo. Un pianista può esercitarsi nel voicing suonando ripetutamente le note principali al volume desiderato prima di suonare il resto dell'accordo, portando i due elementi sempre più vicini ad ogni ripetizione finché si suonano simultaneamente. Per una pratica speciale, un pianista può praticare il **ghosting** delle note secondarie dell'accordo, cioè, premere giù i tasti così piano che i martelli non colpiscono le corde per creare un suono. Questi esercizi aiuteranno a sviluppare un controllo completo del pianoforte.

Per un ulteriore approfondimento

Hersch, Fred. "Corcovado." *Fred Hersch Plays Jobim*. Sunnyside, 2009.
Jarrett, Keith and Haden, Charlie. "For All We Know." *Jasmine*. ECM, 2010.
Jarrett, Keith. "Someone to Watch Over Me." *The Melody at Night, with You*. ECM, 1999.
Mehldau, Brad. "The Bard." *Elegiac Cycle*. Warner Brothers, 1999.
Siskind, Jeremy. "Venice." *Simple Songs (for When the World Seems Strange)*. Brooklyn Jazz Underground, 2010.

I pianisti frequentemente cominciano una performance di piano solista con un'interpretazione a tempo rubato della melodia prima di cominciare con un tempo costante. Per personalizzare la **ballad stop-start rubato** , i pianisti aggiungono dei commenti che consistono in run, bell tone, improvvisazioni, e progressioni di accordi tra le frasi melodiche. Lo stile della ballad stop-start rubato è stata eseguita con grande virtuosismo da Oscar Peterson e Art Tatum, con grande eleganza da Hank Jones e Kanny Barron, e con un tocco moderno da pianisti come Denny Zeitlin e Chick Corea.

Presentare la Melodia con un Semplice Commento

La melodia di una ballad a tempo rubato può essere presentata usando shared-hand voicing creati attraverso l'armonizzazione della melodia. Cominciando con l'armonizzazione della melodia, un pianista deve prima di tutto capire dove aggiungere il commento. Le note lunghe e le pause in una melodia sono generalmente buoni indicatori di dove fermarsi. I momenti in cui il testo di una canzone ha delle virgole o dei punti generalmente creano delle buone occasioni per il commento. L'esempio 15.1 usa i punti coronati per indicare i momenti più naturali dove aggiungere un commento per "Danny Boy".

Esempio 15.1
"Danny Boy" con punti coronati che indicano dove aggiungere il commento

Ogni pianista deve determinare da solo quanto commento vuole aggiungere. Se un pianista approfitta di ogni opportunità per commentare, il risultato può essere una performance a singhiozzo che non raggiunge mai un senso di fluidità. Le migliori ballad start stop-rubato sono imprevedibili, a volte corrono senza fiato attraverso una melodia e altre volte rallentano fino quasi a fermarsi e sedersi su un singolo accordo per varie misure alla volta.

Un modo semplice per aggiungere un commento è arpeggiare i voicing invece di suonarli simultaneamente (vedi esempio 15.2). I voicing possono essere arpeggiati verso il basso partendo dalla melodia, verso l'alto partendo dal basso, o in un modo imprevedibile che crei una forma complicata e arzigogolata. La misura due non è un punto ideale per un arpeggio poiché la melodia si muove sul primo movimento, lo stesso movimento in cui l'arpeggio potrebbe essere inserito.

Nota che negli esempi seguenti la musica è stata scritta per entrare in misure di quattro quarti o due quarti per renderla leggibile. Tuttavia, il commento in questo stile non deve necessariamente adattarsi ad alcun tempo in particolare.

Esempio 15.2
Usare accordi arpeggiati per estendere le frasi

tieni giù le dita

tieni giù le dita

tieni giù le dita   *tieni giù le dita*

Un altro modo semplice per aggiungere un commento alla melodia è usare le **bell tone**, ottave nel registro acuto del piano (vedi esempio 15.3). Le bell tone tipicamente ripetono la stessa nota in più ottave, ma i pianisti possono anche creare piccole melodie con le bell tone. Note di colore come estensioni e note alterate creano le bell tone più forti, specialmente se quelle note sono state omesse dal voicing originale. Per esempio, nella misura tre dell'esempio 15.3, il Fa diesis è una bell tone ideale poiché la nona non è stata inclusa nel voicing originale.

Esempio 15.3
Usare le bell tone come commento

I fill di basso possono anche essere usati come commento tra le frasi melodiche (vedi esempio 15.4). Le scale diatoniche, le scale cromatiche, i salti di ottava, e i gesti quinto-primo sono tutte buone opzioni per il commento di basso.

Esempio 15.4
Usare i fill di basso come commento

Usare Fioriture Virtuosistiche

Molti pianisti usano fioriture virtuosistiche come commento. Queste fioriture possono rinforzare l'armonia che stata già suonata o condurre all'accordo successivo o alla nota successiva della melodia.

Le scale possono essere usate come fioriture virtuosistiche. I pianisti scelgono di suonare in modo particolare le scale sugli accordi di settima dominante poiché possono usare scale colorate come la scala esatonale, la scala ottatonica, e le scale alterate. Il commento scalare per il Re di settima dominante nell'esempio 15.5 usa le doppie ottave ad imitazione di Oscar Peterson. Seguendo le tracce di Peterson, questa scala incorpora un piccolo cambio di direzione per creare una forma più interessante.

Esempio 15.5
Usare fill di scale come commento

Invece di suonare le scale direttamente su e giù, i pianisti possono usare **pattern di scale**, set ripetuti di intervalli applicati alla scala. Nell'esempio 15.6, la scala ottatonica usata su Re di settima dominante ripete un pattern di tre note che sale di semitono, poi sale di una quarta, e poi scende di una terza minore. La scala esatonale su Sol di settima dominante discende in triadi aumentate ripetendo un pattern di tre note di due terze maggiori discendenti seguite da una quarta aumentata che sale.

Esempio 15.6
Usare pattern di scale come commento

Le scale possono anche condurre alla nota successiva della melodia della ballad. Nell'esempio 15.7, la scala estesa rimpiazza il pickup melodico. Queste scale possono cominciare nella mano sinistra e trasferirsi alla mano destra. Le scale cromatiche sono frequentemente usate per condurre alle note della melodia nelle musiche di pianisti come Hank Jones, Art Tatum, e Earl Hines.

Esempio 15.7
Scale che conducono a una nota della melodia

Gli arpeggi sono frequentemente usati per creare un commento. Ci sono troppe varietà di arpeggio per fornire una lista completa, ma gli arpeggi più colorati in questo stile di solito includono estensioni o note alterate e incorporano delle svolte piuttosto che scendere direttamente fino in fondo. Un modo di creare delle svolte è scegliere una forma di arpeggio che si sviluppi su più di un'ottava, come nel primo arpeggio dell'esempio 15.8. Arpeggiando una forma che si sviluppa su più di un'ottava richiede che il pianista cambi direzione e si muova nella direzione opposta per ogni istanza dell'arpeggio.

Le ultime due misure dell'esempio 15.8 combinano un arpeggio discendente con una scala ascendente. Combinare vari tipi di fioriture crea un commento vario e complesso.

Esempio 15.8
Usare arpeggi come commento

Spesso, i pianisti creano delle fioriture tipo arpeggio usando entrambe le mani in tandem mischiando diadi o triadi con singole note. Queste fioriture sono specialmente interessanti quando i frammenti in ogni mano si muovono in direzioni opposte, per esempio, quando la mano sinistra suona due note ascendenti mentre la mano destra suona due note discendenti, come nella fioritura per il Mi minore settima nell'esempio 15.9.

Esempio 15.9
Combinare diadi e arpeggi di note singole

Un'altra opzione per creare un commento significativo è improvvisare negli spazi tra le frasi (vedi esempio 15.10). Queste improvvisazioni possono essere di qualsiasi lunghezza e possono espandersi sopra l'accordo precedente, condurre all'accordo successivo, o fare entrambe le cose. Tipicamente, la mano sinistra accompagnerà probabilmente ritornando al registro medio senza la nota al basso o alternando tra l'espressione bassa e alta dell'accordo.

Esempio 15.10
Usare l'improvvisazione come commento

Le **ripetizioni di ottava**, reiterazioni dello stesso accordo o di una breve frase su e giù per il piano, suonano molto piene ma sono alternative facili da suonare rispetto alle scale veloci e agli arpeggi (vedi esempio 15.11). Intervalli dissonanti come le seconde, le settime, e le none sono usati di solito per le ripetizioni di ottava poiché aggiungono un contrasto stridente alla dolcezza di una ballad. Ripetizioni di ottava possono essere suonate usando solo la mano destra o un movimento alternato di mano su mano.

Esempio 15.11
Usare ripetizioni di ottava come commento

Aggiungere progressioni di accordi

Brevi progressioni di accordi possono servire allo stesso modo come i raffinati commenti tra le frasi (vedi esempio 15.12). La riarmonizzazione e la direzione armonica saranno discusse in profondità nel capitolo sedici, ma gli esempi seguenti usano due espedienti armonici molto diffusi già discussi in questo libro, il due-cinque-uno e la progressione del circolo delle quinte.

Le progressioni di accordi aggiunte possono essere usate per ristabilire l'accordo precedente o per condurre verso un nuovo accordo. Nell'esempio 15.12, le prime due progressioni di accordi aggiunte ripetono l'accordo precedente, ma le ultime tre conducono all'armonia successiva.

Le progressioni di accordi aggiunte possono prendere posto nello stesso registro dell'armonizzazione della melodia o in una parte diversa del piano. Quando si decide un registro, può aiutare immaginare quali strumenti dell'orchestra sarebbero assegnati agli accordi aggiunti, per esempio, i violini e le viole potrebbero suonare i tre accordi nel registro alto che conducono a Fa maggiore settima nell'esempio 15.12.

Infine, ornamenti o figurazioni possono essere aggiunti per decorare la nuova armonia. I pianisti spesso aggiungono insiemi di grace note a una nota di basso per aggiungere enfasi, come mostrato nel Sol settima dominante. Figurazioni arpeggiate, come gli arpeggi per il Fa diesis semidiminuito e il Si settima dominante, aiutano ad aggiungere movimento all'armonia.

Esempio 15.12
Aggiungere progressioni di accordi come commento

Quando le progressioni di accordi sono usate come commento, può diventare ridondante suonare gli accordi sotto alla melodia. Invece, la melodia può essere suonata in doppie ottave e gli accordi possono riempire il registro medio (vedi esempio 15.13).

Esempio 15.13
Suonare la melodia in ottave

Come menzionato precedentemente, è di uso comune inserire più di un espediente successivamente o addirittura contemporaneamente. Per esempio, un pianista potrebbe usare delle bell tone, un arpeggio e una scala che conduca alla melodia successiva consecutivamente durante la stessa fermata (indicata dal punto coronato n.d.t.). O, potrebbero improvvisare nella mano destra mentre aggiungono dei fill di basso nella mano sinistra (vedi esempio 15.14).

Esempio 15.14
Usare espedienti di commento multipli

JEREMY'S TIPS: BLOCKING SUGLI ARPEGGI

Gli arpeggi sono uno strumento essenziale per i pianisti jazz poiché possono aggiungere dramma, colore, e propulsione a una performance. Tuttavia, suonare gli arpeggi velocemente e accuratamente è una delle sfide tecniche più problematiche per il piano.

Una strategia utile è usare il **blocking sugli gli arpeggi**, cioè suonare gli arpeggi come accordi e poi lentamente separarli nelle loro componenti. Inizia suonare il primo arpeggio dell'esempio 15.8 come accordo verticale. Esercitati nel localizzare l'arpeggio in diverse ottave velocemente con un metronomo usando un movimento efficiente (vedi esempio 15.15). Trovare questa posizione della mano rapidamente è il primo passo per suonare l'arpeggio accuratamente.

Esempio 15.15
Blocking su un arpeggio

Una volta che il blocking è diventato comodo, comincia a separare una nota dal blocco (vedi esempio 15.16). Poiché il passaggio da un voicing al successivo è di solito uno degli aspetti più difficili del suonare gli arpeggi, questa fase richiede un'attenzione speciale. Non sforzarti a ottenere il legato delle dita quando suoni gli arpeggi. Gli arpeggi di solito si muovono così rapidamente che gli spazi tra le note sono inaudibili e connettere con le dita semplicemente rallenta il pianista.

Esempio 15.16
Blocking su un arpeggio ma separando la nota del passaggio

Adesso, separa le ultime due note facendo attenzione alla parità e fluidità mentre aumenti il tempo (vedi esempio 15.17)

Esempio 15.17
Blocking su un arpeggio ma separando le ultime due note dell'accordo

Un modo correlato di esercitarsi con gli arpeggi è dividerli in blocchi più piccoli (vedi esempio 15.18). Per esempio questo arpeggio può essere diviso in gruppi uguali di due note o in gruppi diseguali di una nota e tre note.

Esempio 15.18
Dividere un arpeggio in blocchi più piccoli

Gruppi di Due Note   Gruppi Diseguali

Per un ulteriore approfondimento

Barron, Kenny. "Reflections." *Spiral*. Baybridge, 1982.
Corea, Chick. "Someone to Watch Over Me." *Expressions*. GRP, 1994.
Jones, Hank. "You Don't Know What Love Is." *Have You Met Hank Jones*. Savoy, 1956.
Hill, Andrew. "Darn that Dream." *Verona Rag*. Soul Note, 1986.
Peterson, Oscar. "Who Can I Turn To." *My Favorite Instrument: Exclusively for My Friends*. MPS, 1968.
Tatum, Art. "Yesterdays." *Piano Starts Here*. Columbia, 1968.

16. RIARMONIZZAZIONE

Virtualmente ogni performance di piano solista include qualche grado di **riarmonizzazione**, cambiare l'armonia di una progressione aggiungendo, sostituendo, togliendo accordi. La riarmonizzazione, come descritta in questo capitolo non implica necessariamente una completa demolizione armonica che trasformi completamente il suono di un brano. La riarmonizzazione può anche riferirsi a cambiamenti sottili e aggiunte che un buon pianista costantemente fa per personalizzare un brano, creare movimento armonico, aggiungere colore a una progressione.

Riarmonizzazione Attraverso l'Aiming

L'**Aiming**, scegliere un accordo di destinazione e aggiungere accordi che conducono logicamente all'accordo di destinazione, è una abilità essenziale per riarmonizzare. Gli accordi a cui si giunge attraverso l'aiming si possono aggiungere alla progressione di accordi o sostituire gli accordi originali.

Ci sono alcune maniere comunemente accettate per condurre logicamente all'accordo di destinazione. Esse includono:

- Circolo delle quinte con accordi dominanti; tutti accordi dominanti con toniche che scendono per quinte giuste
- Circolo delle quinte con sostituzione di tritono; il circolo delle quinte con ogni secondo accordo sostituito con una sostituzione di tritono, creando una progressione di accordi dominanti che scende per semitoni
- Il **circolo delle quinte diatonico** (maggiore); accordi in tonalità con toniche che scendono per quinte diatoniche, includendo una quinta diminuita tra il quarto e il settimo grado della scala (vedi esempio 16.1). Il circolo delle quinte diatonico include la progressione due-cinque-uno e la comune **progressione tre-sei-due-cinque (iii-vi-ii-V)**

Esempio 16.1
Il circolo delle quinte diatonico in Do maggiore

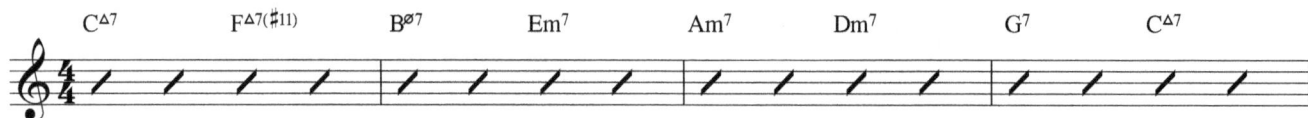

- Il **circolo delle quinte diatonico (minore)**; gli accordi in una tonalità minore con le toniche che scendono per quinte diatoniche. Poiché diverse scale minori usano diverse seste e settime, ci sono più sentieri attraverso il circolo delle quinte diatonico minore (vedi esempio 16.2).

Esempio 16.2
Il circolo delle quinte diatonico in Do minore

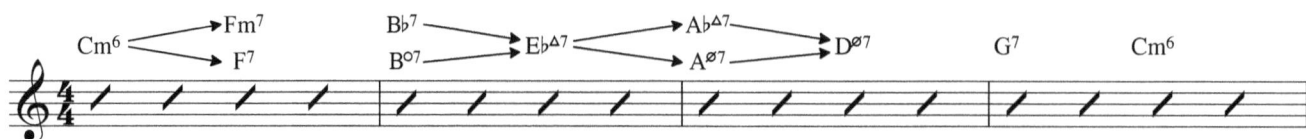

- Sidesteps; approcci all'accordo di destinazione per semitoni, usando l'accordo con la stessa sonorità
- Il **sidestep due-cinque (ii-V)**; Più progressioni due-cinque consecutive spostate di mezzo tono, solitamente cominciando da sopra (vedi esempio 16.3)

Esempio 16.3
Sidestep due-cinque verso Do maggiore

Queste tecniche non possono essere automaticamente inserite in un brano poiché gli accordi aggiunti attraverso la riarmonizzazione devono adeguarsi alla melodia. Poiché gli accordi dominanti sono capaci di armonizzare quattro note melodiche in più, le quattro note alterate, rispetto agli altri tipi di accordi, il circolo delle quinte con accordi dominanti è la tecnica di riarmonizzazione più comunemente usata.

Ogni accordo può essere un accordo di destinazione. Per cominciare, tendi all'accordo di Fa maggiore settima nella misura due di "Danny Boy". Anche concentrandosi solo sul circolo delle quinte con accordi dominanti, le possibilità si moltiplicano velocemente. Molte diverse soluzioni sono possibili a seconda di quale movimento dia inizio alla riarmonizzazione e a quale ritmo armonico la riarmonizzazione proceda.

Nell'esempio 16.4, le prime due misure sono state armonizzate in quattro modi diversi, aggiungendo accordi dominanti nel circolo delle quinte. Nota che alcuni di questi esempi si aggiungono accordi all'accordo originale di Do maggiore settima e in alcuni si sostituisce l'accordo di Do maggiore settima.

Esempio 16.4
Applicare il circolo delle quinte con accordi dominanti

Nota come il suono cambia se usiamo invece il circolo delle quinte diatonico (vedi esempio 16.5). Quando si aggiungono accordi usando il circolo delle quinte diatonico, scegli accordi che usino la tonalità dell'accordo di destinazione piuttosto che la tonalità generale o la tonalità dell'accordo precedente

Esempio 16.5
Usare il circolo delle quinte diatonico

Per ancora più possibilità armoniche, un accordo che è stato aggiunto attraverso l'aiming può diventare un nuovo accordo di destinazione. Per esempio, nell'esempio 16.6, un circolo delle quinte diatonico che conduce a Fa maggiore settima è stato aggiunta usando l'aiming. Un La bemolle minore settima può essere aggiunto per compiere un sidestep verso Sol minore settima, con la clausola che il nuovo accordo ha bisogno della quinta diminuita per adattarsi alla nota Re alla melodia.

Esempio 16.6
Aiming verso un accordo aggiunto attraverso la riarmonizzazione

Infine, se un accordo è tenuto per più movimenti, un pianista può tendere a qualsiasi movimento in cui l'accordo è tenuto, ritardando in effetti l'armonia (vedi esempio 16.7). I pianisti devono fidarsi delle loro orecchie quando ritardano l'armonia, poiché non ogni possibile ritardo suona delicato e logico.

Esempio 16.7
Circolo delle quinte Diatonico con accordo ritardato fino al battere del tre

circolo delle quinte Diatonico con accordo
ritardato fino al battere del tre

C△7   Am7   Dm7   Gm7   C7   F△7

circolo delle quinte con accordi
dominanti ritardato fino al battere del due

C△7   Em7   A7   D7   G7   C7   F△7

Rivolti

Usare i rivolti aiuta un pianista a personalizzare l'armonia senza cambiare drammaticamente la struttura armonica del brano. Quando inverti un accordo, considera l'armonia tra il basso e la melodia, evitando di duplicare la nota alla melodia. Un modo di garantire un senso di connessione tra gli accordi è creare una linea di basso per gradi, specialmente una che si muova in una singola direzione. Creare una linea di basso discendente per gradi cambia il sound di "Dany Boy" nell'esempio 16.8.

Esempio 16.8
Usare i rivolti per creare una linea di basso per gradi

C△7   F△7/C   Em7/B   Am7   D7/A   G7

Oltre a cambiare la nota al basso per ogni accordo, un singolo accordo tenuto può essere espresso usando vari rivolti consecutivi per cambiare il colore e creare movimento armonico (vedi esempio 16.9). I pianisti usano frequentemente un cambio di rivolto per creare un basso connesso per gradi all'accordo successivo.

Esempio 16.9
Usare i rivolti per creare movimento armonico

Esempio 16.10
Creare movimento armonico usando la sostituzione di tritono

Anche se non è esattamente un rivolto, la sostituzione di tritono è frequentemente usata in modo simile. Mentre la sostituzione di tritono solitamente sostituisce un accordo dominante, può anche essere usata consecutivamente rispetto all'accordo dominante che sostituirebbe, come se fosse un diverso rivolto dell'accordo stesso (vedi esempio 16.10). Infatti, una sostituzione di tritono non è molto diversa da un rivolto di un accordo dominante che ponga la nona bemolle al basso.

Un **pedal point**, un espediente in cui il basso rimane lo stesso mentre gli accordi cambiano su di esso, è frequentemente usato per aggiungere contrasto e creare tensione in una performance di piano solista (vedi esempio 16.11). Il quinto grado della tonalità è il pedal point più comune, ma è possibile usare come pedale altre note come la tonica o la terza della tonalità. I pianisti creativi possono probabilmente inventare altri pedal point che suonino colorati, anche se non necessariamente suonano tonali. Per esempio, nel suo brillante album di piano solista, *Civil War Diaries*, Bill Carrothers crea un senso di bitonalità presentando canzoni folk americane standard su pedal point cromatici inusuali.

Esempio 16.11
Usare un pedal point

Anche se non ha un senso strettamente musicale, può essere utile esercitarsi sui brani usando lo stesso rivolto, come il primo o il secondo rivolto, per ogni accordo dall'inizio alla fine. Saturare un brano di rivolti apre le dita e le orecchie nuovi suoni (vedi esempio 16.12).

Esempio 16.12
Esercizio con tutti gli accordi in rivolti

Giochi-esercizi di Riarmonizzazione

Anche se le riarmonizzazioni possono essere pianificate, i pianisti solisti creativi fanno molte delle loro riarmonizzazioni all'impronta. I seguenti giochi sono disegnati per aiutare un pianista a esercitarsi a creare una riarmonizzazione istantanea.

In entrambi giochi, il pianista sceglierà un basso iniziale casualmente e muoverà il basso in giù solo per semitoni, scegliendo la qualità dell'accordo adatta alla melodia. Armonizzare una nota della melodia con una nota casuale al basso aiuta il pianista a esercitarsi a trovare accordi adatti velocemente.

Nel primo gioco, il pianista sceglie il ritmo armonico. A seconda del ritmo armonico, l'armonizzazione può essere molto densa o molto spaziosa. Ogni tipo di accordo, inclusi i rivolti, è permesso finché si adatti sia al basso che alla melodia. Se il pianista lo desidera, può esercitarsi con il timing del ritmo armonico in modo che il basso originale atterri su importanti punti armonici, il che crea un'ottima pratica spontanea per il targeting degli accordi durante l'improvvisazione. Sarà necessario saltare di un'ottava ogni qualvolta il basso scenda troppo.

L'esempio 16.13 mostra tre diversi possibili risultati di questo gioco esercizio, ognuno comincia da una differente nota di basso. Nessuna di queste è in alcun modo l'unica corretta armonizzazione. Ci sono infiniti modi di creare delle armonizzazioni di successo cominciando da ogni nota a basso.

Esempio 16.13
Inventare nuovi accordi con un basso discendente per semitoni

Il secondo gioco è una sfida diversa. In questo gioco, il pianista sceglierà ancora un basso iniziale casualmente e si muoverà in giù per semitoni, ma adesso dovrà mantenere un ritmo armonico costante (vedi esempio 16.14). Ogni unità ritmica (semiminima, minima, o addirittura croma) può essere scelta come ritmo armonico anche se unità ritmiche più veloci saranno più difficili. Questo gioco fornisce delle sfide di armonizzazione inaspettate sovrapponendo note di basso sorprendenti alla melodia originaria.

Inevitabilmente, alcune frasi melodiche saranno impossibili da armonizzare con la risultante nota al basso. Usa queste frasi come una possibilità di avventurarsi in alcune dissonanze e vedere se queste dissonanze possano essere risolte logicamente.

Esempio 16.14
Inventare nuovi accordi con un basso discendente per semitoni
usando un ritmo armonico costante

Dopo aver giocato a questi giochi usando semitoni discendenti, prova altre combinazioni di intervalli come muovere il basso intorno al circolo delle quinte, oppure per semitoni ascendenti, toni ascendenti, o toni discendenti (vedi esempio 16.15).

Esempio 16.15
Giochi di armonizzazione usando altri intervalli

Ricorda, le risultanti armonizzazioni non sono disegnate per essere usate in una performance, anche se potrebbero ispirare un arrangiamento. Questi sono semplicemente degli esercizi che un pianista può usare per creare dei riflessi veloci di riarmonizzazione.

JEREMY'S TIPS: ESERCITARSI A TROVARE GLI ACCORDI VELOCEMENTE

I pianisti jazz devono essere capaci di mettere le loro dita su un accordo immediatamente quando arriva l'ispirazione. I seguenti esercizi aiutano i pianisti a migliorare la loro abilità di trovare le posizioni della mano per accordi di tre e quattro note velocemente.

Tutti questi esercizi dovrebbero essere praticati con un metronomo, aumentando il tempo quando si raggiunge la padronanza. Il primo esercizio serve per far pratica sui rivolti. Scegli una triade o un accordo di settima e esercitati con i rivolti con entrambe le mani per moto parallelo. L'esempio 16.16 mostra questi esercizi usando una triade di Fa minore ed un accordo di Fa minore settima.

Esempio 16.16
Esercizio sui rivolti di Fa minore per moto parallelo

Ora, sfida le mani a trovare voicing indipendentemente uno dall'altro esercitandoti con lo stesso esercizio per moto contrario (vedi esempio 16.17). Questo esercizio richiede l'intero range del pianoforte.

Esempio 16.17
Esercizio sui rivolti di Fa minore per moto contrario

Questi esercizi possono anche essere usati per gli accordi diatonici all'interno di una scala o modo. L'esempio 16.18 mostra le triadi e gli accordi di settima derivanti dal modo dorico di Fa suonato sia per moto parallelo che per moto contrario (vedi esempio 16.18).

Esempio 16.18
Esercizio sui rivolti usando il modo di Fa Dorico

Triade per Moto Contrario

Accordi di Settima per Moto Contrario

Ci sono infinite variazioni a questi esercizi. Per esempio, le due mani possono cominciare su diversi rivolti o in diversi punti della scala cosicché anche se si muovono per moto parallelo, devono trovare ognuna la loro propria forma (vedi esempio 16.19). Inoltre, i cambi di direzione e di pattern intervallare sulla scala possono rompere la prevedibilità del moto per gradi. Infine, possono essere usati i rivolti per suonare attraverso l'intero modo invece degli accordi in posizione fondamentali.

Esempio 16.19
Alcune possibili variazioni sugli esercizi di chord-finding

Accordi di Settima per Moto Parallelo Cominciando da Posizioni Diverse

Fm⁷

Triadi Arrangiate per Quarte

Fm

Per un ulteriore approfondimento

Collier, Jacob. *In My Room*. Qwest Records, 2016.

Corea, Chick. *Solo Piano: Standards*. Concord Records, 2000.

Hancock, Herbie. *The Piano*. CBS/Sony, 1979.

Jones, Hank. *Have You Met Hank Jones?* Savoy, 1956.

17. PRENDERE IN PRESTITO DALLA MUSICA CLASSICA

Sebbene le origini del piano jazz comincino all'inizio del XX secolo, la storia della musica per pianoforte si estende fino al XVII secolo e include alcuni dei più grandi compositori di tutti i tempi, da Bach a Beethoven a Brahms e Liszt. Molti grandi musicisti jazz usano la musica classica per pianoforte per ispirare il loro approccio al piano jazz solista.

Esaminare la struttura

Quando si prende in prestito dalla musica classica, bisogna cominciare dall'esaminare la **struttura** della musica, cioè, il modo in cui la melodia e gli accordi sono presentati al pianoforte. Una volta che la struttura è stata capita con chiarezza, può essere riprodotta per gli accordi e le melodie di qualsiasi altro brano.

La struttura nel *Notturno in Mi bemolle maggiore Op.9 N.2* di Chopin e relativamente semplice(vedi esempio 17.1). La mano destra suona una melodia a note singole nel registro del soprano. Per ogni movimento, la sinistra suona tre ottavi, una nota singola, una diade e una triade. La nota singola è la più bassa, generalmente con funzione di basso. La seconda nota crea un intervallo aperto, solitamente una sesta. La triade ripete sempre la nota superiore della diade come nota centrale.

Esempio 17.1
Notturno in Mi bemolle maggiore Op.9 N.2 di Chopin, misure 1-2

Con una comprensione di questa struttura, un pianista può creare un arrangiamento alla Chopin di "Danny Boy" (vedi esempio 17.2).

Esempio 17.2
Arrangiamento nello stile del Notturno in Mib di Chopin

La divisione della mano nel Notturno di Chopin si trasferisce facilmente al jazz poiché assomiglia da vicino al piano stride, con la mano destra che suona la melodia mentre la sinistra si occupa del basso e degli accordi. Il "Preludio in Do diesis Maggiore" di Bach dal *Clavicembalo Ben Temperato, libro 1* è un esempio leggermente più complesso (vedi esempio 17.3).

Esempio 17.3
"Preludio in Do diesis Maggiore" misure 1-4

La mano sinistra suona due note in ogni misura, una nota in basso che segue la mano destra in terze e una nota pedale ripetuta nel registro tenore. La mano destra suona sedicesimi costanti che formano una melodia composta, una melodia di note singole che implica melodie multiple. La linea superiore della mano destra suona una semplice melodia in gradi mentre la linea bassa riempie l'accordo, generalmente ripetendo una nota pedale tra le note della melodia.

Poiché lo stile del preludio è così intrecciato con la progressione di accordi e con la melodia, sarà difficile catturarne tutti gli elementi in un arrangiamento di uno standard jazz. Tuttavia, prendendo e scegliendo gli elementi utili, è possibile creare un arrangiamento che catturi parte dell'essenza del preludio. Per esempio, la mano destra può suonare una melodia composta con note pedale ripetute (vedi esempio 17.4).

Esempio 17.4
Mano destra che usa una melodia composta

Ora, la mano sinistra può prendere in prestito l'idea di Bach di armonizzare la melodia della mano destra in decime. Applicata a "Danny Boy", i risultati esprimono effettivamente l'armonia abbastanza bene (vedi esempio 17.5). Quando la mano sinistra viene aggiunta, alcune note della melodia composta della mano destra hanno bisogno di essere aggiustate per adattarsi alla melodia della mano sinistra.

Esempio 17.5
Decime tra la melodia e la mano sinistra

Ad un certo punto, un arrangiamento dovrebbe essere rifinito senza imitare il brano originale poiché le strutture di brani classici complessi non sempre si trasferiranno perfettamente in uno standard jazz. In altre parole, i brani classici ci dovrebbero essere considerati ispirazioni piuttosto che destinazioni.

In questo caso, il più grande problema musicale è lo strano gap tra la mano sinistra e la mano destra. Alcune note devono essere aggiunte al range del tenore per riempire l'armonia. Alcune note al basso devono essere cambiate per accomodare le nuove note del tenore, e un pianista non dovrebbe esitare a fare dei cambi musicali man mano che l'arrangiamento si evolve (vedi esempio 17.6).

Esempio 17.6
Arrangiamento rifinito nello stile di un preludio di Bach

Imitare Oltre la Struttura

A volte, è impossibile separare completamente la struttura dal contesto armonico. Per esempio, la struttura è collegata inestricabilmente all'armonia in (...*Voiles*) dal primo libro di preludi di Debussy (vedi esempio 17.7).

Esempio 17.7
(...*Voiles*) di Debussy *misure 1-6*

La struttura è molto semplice. Il brano comincia con delle terze non accompagnate e poi il basso entra con una nota pedale staccata. Tuttavia, è cruciale per il suono del brano che le terze siano tutte terze *maggiori*. Anche se la qualità delle terze non è un aspetto della struttura in sé, specificare l'intervallo aiuta a tradurre il feeling sovrannaturale di Debussy in un arrangiamento. L'esempio 17.8 utilizza terze maggiori e altri elementi dello spartito di Debussy che non sono necessariamente legati alla struttura, come i ritmi puntati e le lunghe pause tra le frasi.

Esempio 17.8
Arrangiamento traendo ispirazione da (...*Voiles*) di Debussy

Una delle differenze principali nel modo in cui i musicisti jazz e classici si approcciano al pianoforte è che i pianisti jazz suonano principalmente gli accordi simultaneamente mentre la musica classica per pianoforte include molti arpeggi. Usando una misura da *Jeux d'eau* di Ravel, l'esempio 17.9 dimostra come un arpeggio viene intercambiato tra la sinistra e la destra.

Esempio 17.9
Jeux d'eau di Ravel, misura 27

A causa dei costanti spostamenti d'ottava, potrebbe sembrare che questo passaggio sia un uno strano modello per arrangiare una melodia. Ma la musica, quando viene ridotta alla sua struttura di base, non è particolarmente complessa. La mano sinistra semplicemente suona delle quinte. La destra comincia ogni gruppo in mezzo alle note della sinistra e arpeggia in su con un'ottava tra le nota più alta e più bassa.

Questa semplice struttura, senza gli spostamenti di ottava, può essere usata per creare un arrangiamento fantasioso di "Danny Boy". Una versione base di questo arrangiamento potrebbe assomigliare all'esempio 17.10.

Esempio 17.10
Arrangiamento di "Danny Boy" usando lo stile base di Ravel

Sebbene il risultato abbia uno spirito piacevolmente etereo, non cattura l'armonia particolarmente bene. L'armonia può essere espressa più chiaramente se alcuni specifici parametri della struttura vengono allentati. Per esempio, i parametri possono essere aggiustati per consentire alla mano sinistra di suonare una quinta *o una sesta* invece di solo una quinta e permettere agli arpeggi della mano destra di svilupparsi in un'ottava *o più* invece di essere strettamente limitati a una sola ottava.

L'ispirazione presa da Ravel può aiutare a rifinire il concetto ulteriormente. Come in *Jeux d'eau*, la mano sinistra può creare uno spruzzo scintillante passando sopra alla destra e ripetendo la figurazione un ottava più su durante i momenti d'inattività melodica (vedi esempio 17.11).

Arrangiamento di "Danny Boy" usando lo stile di Ravel con parametri allentati

Ispirazione Orchestrale

Oltre all'ispirazione musicale del canone del pianoforte classico, i pianisti possono anche guardare all'orchestra sinfonica per avere ulteriore ispirazione. Ascoltando Erroll Garner che suona "Yesterdays" da Afternoon of an Elf, le ottave d'apertura della sinistra evocano una sezione di ottoni di Wagner con tromboni che urlano accordi drammatici, alcuni dei quali, incidentalmente, sembrano essere presi in prestito da Rachmaninoff.

Può essere istruttivo per un pianista immaginare diverse combinazioni di strumenti che suonano diverse parti di un arrangiamento pianistico. Per esempio, "Danny Boy" potrebbe essere suonata da un trombettista solista accompagnato da una sezione d'archi. Per creare questo effetto, la melodia, suonata dall'immaginario trombettista solista, deve essere suonata esclusivamente in note singole. Poiché il trombettista deve respirare, la melodia deve includere ampi spazi tra le frasi melodiche. L'accompagnamento d'archi può essere immaginato in quattro parti, con primi e secondi violini, viole e violoncelli che suonano line individuali, eseguite con un approccio legato e un timbro ricco. La tromba e gli archi potrebbero scambiarsi domande e risposte come mostrato nell'esempio 17.12.

Esempio 17.12
"Danny Boy" come suonata da tromba e archi

L'arrangiamento dovrebbe cambiare completamente se gli archi immaginari fossero suonati **pizzicato**, cioè pizzicando le corde invece di usare l'archetto. Ora, gli accordi simultanei devono essere sostituiti da passaggi staccati a singhiozzo (vedi esempio 17.13).

Esempio 17.13
"Danny Boy" come suonata da tromba e archi pizzicati

Un pianista può immaginare o imitare un intero arrangiamento orchestrale, cambiando strumentazione man mano che la musica progredisce (vedi esempio 17.14). L'arrangiamento potrebbe cominciare con due flauti e un fagotto che suonano la prima frase, seguiti da una cascata di note di arpa attraverso un grande arpeggio, che prepara l'entrata di violoncelli e bassi. Violoncelli e bassi, che suonano la melodia in ottave, potrebbero poi essere accompagnati da una sezione d'archi più un trio di corni.

Esempio 17.14
"Danny Boy" con una serie di cambiamenti orchestrali

Quando si parla di possibilità orchestrali, l'unico limite è l'immaginazione del pianista. Come potrebbe suonare un oboe in un arrangiamento di piano jazz? Un trombone che ringhia? Uno xilofono? Dei timpani? Una sezione d'archi che usa gli armonici? Immaginare un'orchestra a propria disposizione può dare il via a nuovi arrangiamenti creativi.

JEREMY'S TIPS: IL PEDALE TONALE E TECNICHE ESTESE

Una possibilità pianistica che è rara nel jazz è l'uso del **pedale tonale**, il pedale centrale del pianoforte a coda che sostiene le note che sono tenute quando il pedale è premuto ma consente alle altre di essere suonate senza sustain. Nella musica classica, questo pedale è usato frequentemente nelle composizioni del XX secolo. Nel jazz, il pedale tonale è molto spesso associato al brillante pianista di Boston Ran Blake, che ha pubblicato varie avventurose registrazioni di piano solista.

Sfortunatamente, il pedale tonale è quasi completamente limitato ai pianoforti a coda poiché il pedale centrale di quasi tutti i pianoforti verticali non ha la funzione di pedale tonale. Prima di usare il pedale tonale, assicurati che sia stato ben regolato. L'attenzione di un buon tecnico è necessaria per assicurare che alcuni smorzatori del piano restino sollevati mentre gli altri ritornano alla loro posizione di riposo.

In generale, il piede sinistro dovrebbe stare sul pedale tonale, poiché il destro rimane responsabile per il pedale del sustain, che è usato di solito insieme al pedale tonale. L'uso più comune per il pedale tonale è tenere una nota di basso mentre accordi diversi volteggiano sopra al basso. Prova a premere una nota al basso e sperimenta con armonie che si spostano sopra al basso come nell'esempio 17.15. Nota che anche se il Do dell'ottava bassa è ripetuto, il pedale non deve essere cambiato poiché gli smorzatori per quei tasti restano alzati finché il pedale tonale viene tenuto giù.

Esempio 17.15
Usare il pedale tonale per tenere note di basso

(Pedale tonale)

Il pedale tonale può anche essere usato al posto del pedale del sustain. Nell'esempio 17.16, mantenendo premuto il pedale del sustain renderebbe le melodie cromatiche un pastrocchio dissonante. Usare invece il pedale tonale permette agli accordi di essere tenuti mentre la melodia cromatica è suonata in modo pulito.

Esempio 17.16
Pedale tonale con accordi e melodia

(Pedale tonale)

Le **tecniche estese** sono dei modi per usare il pianoforte per produrre suoni per cui non è stato originariamente progettato. Le tecniche estese includono il percuotere il telaio del pianoforte, urlare nelle corde mentre si tiene premuto il pedale del sustain sfregare le corde usando un filo di nylon da pesca, e creare un **piano preparato** mettendo oggetti come mastice, viti e carta sulle corde.

Anche se si potrebbe parlare all'infinito di tecnice estese, pizzicare e usare lo *strumming* (percuotere con le dita o con il plettro n.d.t) sulle corde del pianoforte è probabilmente la tecnica più utile per il piano solista. Usare lo *strumming* all'interno del pianoforte produce un suono tipo chitarra o arpa che moltiplica le possibilità orchestrali dello strumento.

I pedale tonale è un mezzo essenziale per usare lo strumming in modo efficace all'interno del pianoforte. Poiché gli smorzatori devono essere sollevati per permettere alle corde di vibrare liberamente, il miglior modo per usare lo strumming su un accordo specifico è tenere premuti i tasti dell'accordo che si vuole suonare, premere il pedale tonale, lasciare i tasti e percuotere le corde (vedi esempio 17.17). È quasi come un trucco magico: lo strumento produrrà l'accordo voluto.

Esempio 17.17
Strumming sulle corde usando il pedale tonale

Ci sono altri modi di usare il pedale tonale in combinazione con l'entrare dentro al pianoforte. Uno è tenere un accordo e percuotere delicatamente le corde verso il basso. Diverse scelte della posizione della mano che includono dita curve, dita piatte, palmo giù, produrranno suoni diversi. Quando si sostiene un accordo usando il pedale tonale, un pianista può percuotere vicino alle corde di singole note. Poiché solo gli smorzatori dei tasti premuti saranno alzati, anche se lo strumming non è accurato, solo la corda di una nota in ogni area del pianoforte produrrà un suono. Percuotere le corde in questo modo lascia una mano libera di suonare gli accordi o una melodia (vedi esempio 17.18). Questa strategia è soprattutto efficace per gli accordi con ampi intervalli tra le note. Gwilym Simcock usa questa tecnica molto bene alla fine di "These Are the Good Days" dal suo brillante album, *Good Days at Schloss Elmau*.

Esempio 17.18
Percuotere le singole corde

Infine, i pianisti solitamente mettono in *mute* le corde premendole con le dita o il palmo mentre suonano il tasto corrispondente. Mettere in *mute* le corde può creare una varietà di effetti percussivi. Ipianisti che sono studenti devoti dell'interno del pianoforte possono imparare a suonare gli armonici, frequenze che sono parziali superiori della frequenza originale, prodotti suonando il tasto mentre si posiziona delicatamente un dito sulla corda corrispondente in un punto che divide la corda in precise frazioni matematiche.

Esplora l'interno del pianoforte con prudenza. Poiché ogni modello di pianoforte è costruito diversamente, la disposizione delle corde e del telaio sarà diversa da piano a piano. Usare diversi modelli di pianoforte nell'esercitarsi e nella performance significa che anche la preparazione più attenta non si tradurrà necessariamente in un successo sul palco. Quando possibile, cerca le specifiche del pianoforte del concerto e aspettati di dover essere flessibile.

Per un ulteriore approfondimento

Blake, Ran. "Field Cry." *Grey December: Live in Rome.* Tompkins Square Records, 2011.

Corea, Chick. *Solo Piano: Improvisations and Children's Songs.* ECM, 2010.

Delbecq, Benoit. *Nu-Turn.* Songlines, 2003.

Garner, Erroll. "Yesterdays." *Afternoon of an Elf.* Mercury, 1955.

Hancock, Herbie. *The Piano.* CBS, 1979.

Mehldau, Brad. *After Bach.* Nonesuch, 2018.

Say, Fazil. "Black Earth." *Say Plays Say.* Ada Müzik, 2014.

Simcock, Gwilym. "These Are the Good Days." *Good Days at Schloss Elmau.* ACT, 2011.

Tepfer, Dan. *Goldberg Variation / Variations.* Sunnyside Records, 2011.

Un altro modo per creare un arrangiamento di pianoforte solista che sfidi il formato tradizionale melodia-accordi-di-basso è creare un'armonia che combini melodie interconnesse. Il capitolo 12 tratta il creare un contrappunto omofonico che consiste di due melodie che suonano in sincrono. Questo capitolo esplorerà come improvvisare interi arrangiamenti con melodie multiple che si sovrappongono. Chiunque sia serio riguardo allo studio della musica farebbe bene a studiare il **contrappunto**, la formazione tradizionale per scrivere due o più melodie insieme. Anche se molti dei principi del contrappunto si applicano al jazz, le regole del contrappunto nel jazz alla fine si riducono a una semplice realtà: se suona bene, usalo!

Aggiungere Voci

Un modo per incominciare a improvvisare delle strutture contrappuntistiche è limitare il numero di **voci**, o melodie a linea singola, in un arrangiamento. Per cominciare, inizia con una voce, la melodia del brano, nella mano destra, ed esercitati finché possa essere suonata alla perfezione, con una forma chiara, un'articolazione varia, un suono cantabile, e un'attenzione al testo. Poi, suona la melodia mentre improvvisi una **contromelodia**, una melodia complementare che mantenga la sua identità melodica, nella mano sinistra (vedi esempio 18.1). Mentre è vero che non ci sono delle regole assolute per improvvisare con due voci, ecco alcune linee guida da considerare:

1. La contromelodia dovrebbe essere più attiva quando la melodia principale è in pausa o sta tenendo una nota e viceversa.

2. Gestisci le consonanze e le dissonanze. Entrambe sono necessarie e dovrebbero essere impiegate ad effetto. Una contromelodia troppo consonante probabilmente sarà noiosa. Una troppo dissonante sembrerà priva di relazione rispetto alla melodia.

3. Il moto contrario è il tipo di movimento più affidabile. Fai esercizio intenzionalmente spostando la contromelodia nella direzione opposta rispetto alla melodia principale.

4. Fai in modo che entrambe le linee siano melodiche. Spostati avanti e indietro nell'ascoltare la melodia e la contromelodia per verificare se siano entrambe cantabili, varie e logiche. Ricorda che è importante avere qualche salto interessante nella contromelodia.

5. Comunica l'armonia. Risolvi le dissonanze e includi le note importanti dell'accordo dove ciò ha un senso melodico.

6. Non incrociare le voci quando ciò può essere evitato. Mantieni la voce superiore sopra e la voce inferiore sotto.

Esempio 18.1
Improvvisazione a due voci

contromelodia   dissonanza   moto   contromelodia con note
sotto nota tenuta   contrario essenziali dell'accordo

Per approfondire l'esperienza, fai esercizio invertendo le voci, con la melodia nella mano sinistra e la contromelodia nella mano destra (vedi esempio 18.2). Fare pratica con la melodia nella mano sinistra allena l'orecchio ad ascoltare la voce più bassa con la stessa intensità con cui ascolta la voce superiore, un processo che può dare origine a creatività melodica.

Esempio 18.2
Creare una contromelodia nella mano destra

Per un'esperienza più profonda a due voci, esercitati nel limitare la contromelodia a un'unità ritmica costante (vedi esempio 18.3). Per esempio, imponi alla contromelodia di suonare solo quarti, solo ottavi in terzine, o solo quarti in levare. Ritmi che creano un'emiola, come quarti puntati e ottavi puntati, possono essere usati allo stesso modo. Questi esercizi aiuteranno un pianista a guadagnare la massima coordinazione e una completa libertà all'interno di una struttura due voci.

Esempio 18.3
Usare ritmi costanti in una contromelodia

Quando i pianisti possono improvvisare delle contromelodie contrappuntistiche con facilità, si possono preparare ad aggiungere una terza voce. Improvvisare con tre voci è molto più difficile che improvvisare con due poiché una mano deve occuparsi di due voci allo stesso tempo. Un modo utile per prepararsi per questa sfida e fare pratica nel suonare due voci, una melodia e una contro melodia, in una sola mano (vedi esempio 18.4). Esercitati nel suonare la melodia principale sia nella voce più alta che in quella più bassa per prepararti a diverse sfide di diteggiatura che possano emergere.

Esempio 18.4
Esercitarsi con due voci in una mano

Ora, improvvisa in una struttura a tre voci (vedi esempio 18.5). Sebbene esercitarsi con due voci in una mano è un allenamento importante, in realtà, la voce centrale sarà condivisa dalle due mani, con le note più basse nella mano sinistra e le note più alte nella destra. Man mano che il numero di voci aumenta, ogni voce dovrebbe diventare meno attiva per creare uno spazio musicale e garantire che il brano sia fisicamente suonabile. Nelle fughe di Bach a tre e quattro voci, non ogni voce suona una melodia distinta in ogni momento. Le voci spesso si fermano, si muovono in parallelo, o tengono una nota lunga. Mentre ogni voce dovrebbe suonare una melodia cantabile, le diverse voci non devono essere ugualmente solistiche o accattivanti.

Esempio 18.5
Creare un arrangiamento a tre voci

Passa un po' di tempo ad esercitarti con tre voci, posizionando la melodia di volta in volta in ogni parte. Ovviamente, è particolarmente difficile creare un arrangiamento soddisfacente con la melodia nella voce centrale (vedi esempio 18.6).

Esempio 18.6
Suonare una struttura a tre voci con la melodia nella voce centrale

Quando la struttura a tre voci sia stata padroneggiata, lo step successivo è aggiungere una quarta voce (vedi esempio 18.7). Di nuovo, man mano che nuove voci vengono aggiunte, ogni voce ha un ruolo più piccolo da giocare, e la voce più bassa tipicamente si riduce a una funzione di basso in una struttura a quattro voci. Per la maggior parte del tempo, una struttura a quattro voci è suonata con due voci in ogni mano, anche se occasionalmente è possibile suonare tre voci in una mano e solo una nell'altra mano.

Esempio 18.7
Creare un arrangiamento a quattro voci

Esercitati con la melodia in ognuna delle possibili voci, sia per approfondire la conoscenza contrappuntistica sia perché suonare la melodia in diverse voci può essere una abilità utile. Cambiare la voce che suona la melodia è un ottimo modo per creare contrasto tra le differenti sezioni. Per esempio, se la melodia di un brano è nella voce del soprano per la prima sezione A, un pianista può creare un contrasto immediato spostando la melodia alla voce di tenore per la seconda sezione A.

Esercizi per Quattro Voci

Le strutture a quattro voci sono molto importanti nella musica occidentale poiché riflettono la strumentazione di un coro tipico o di un quartetto d'archi. Gli esercizi seguenti allenano il pianista a raggiungere la massima libertà e creatività all'interno di una struttura quattro voci.

Il primo, che allena il pianista ad una disciplina contrappuntistica, è improvvisare una struttura quattro voci usando solo pollici e mignoli, con il mignolo della mano destra che suona il soprano, il pollice della mano destra che suona il contralto, il pollice della mano sinistra che suona il tenore, e il mignolo della mano sinistra che suona il basso (vedi esempio 18.8). Le limitazioni alle dita aiutano il pianista a tener traccia di ogni voce e a prendere decisioni più intenzionali su come le varie voci si muovono. Le posizioni della mano che un pianista scopre esercitandosi con questa tecnica possono essere usate come guida per usare accordi più densi usando le dita interne.

Esempio 18.8
Usare solo pollici e mignoli

Nelle sue corali, Bach spesso muove coppie di **voci non adiacenti**, il soprano e il tenore e il contralto e il basso, insieme per decime parallele. I pianisti possono assorbire la tecnica di Bach praticando l'improvvisazione in una struttura a quattro voci, imponendo che una coppia di voci non adiacenti debba muoversi solo per decime parallele (vedi esempio 18.9).

Esempio 18.9
Muovere soprano e tenore per decime

Un pianista ambizioso può anche tentare di limitare entrambe le coppie di voci non adiacenti a decime parallele (vedi esempio 18.10). Limitare entrambe le coppie di voci richiede molto pensiero e preparazione.

Esempio 18.10
Muovere due coppie di voci per decime

È anche utile esercitarsi ad accoppiare voci non adiacenti usando concetti diversi dalle decime parallele. Per esempio, un pianista potrebbe muovere soprano e tenore per moto contrario esclusivamente (vedi esempio 18.11)

Esempio 18.11
Coppie di voci per moto contrario

Diversi accoppiamenti sono altrettanto possibili. Il soprano e il basso possono essere accoppiati mentre il contralto e il tenore possono formare un'altra coppia. Le possibilità abbondano! Per esempio, il basso e il soprano potrebbero muoversi per moto contrario mentre il tenore e il contralto essere limitati a **moto simile**, cioè, muoversi nella stessa direzione, ma non necessariamente con gli stessi intervalli (vedi esempio 18.12).

Esempio 18.12
Coppie di voci con accoppiamenti misti

Ovviamente, gli esercizi di accoppiamento possono essere eseguiti usando solo i pollici e i mignoli per una maggiore chiarezza e per una sfida in più.

I pianisti che si esercitano nelle strutture a quattro voci saranno frequentemente di fronte alla sfida di suonare in una mano due voci che si muovono a diverse intensità. Eseguire gli esercizi sulla scala con due voci in ogni mano è una ottima preparazione per questa sfida. Comincia a praticare frammenti di scale in una voce mentre l'altra tiene una nota singola (vedi esempio 18.13). Esercitarsi con le seste sul battere aiuta ad abituare le mani a muoversi verso intervalli consonanti.

Esempio 18.13
Esercitarsi con due voci usando frammenti di scala

etc.

etc.

Le due voci possono anche scambiarsi i ruoli nel tenere o muovere una nota. L'esercizio nell'esempio 18.14 mette in evidenza alcuni enigmi di diteggiature contorte che sono simili a quelli che un pianista si trova davanti quando suona una struttura quattro voci.

Esempio 18.14
Esercitarsi con due voci che si scambiano i ruoli tra i frammenti di scala

Alternare Scale a Due Voci in Terzine

etc.

Nell'esempio 18. 15, due voci si muovono su per la scala a diversa frequenza. Anche se è impossibile connettere entrambe le voci usando il legato delle dita, cerca di far suonare l'esercizio il più connesso possibile.

Esempio 18.15
Esercitarsi con due voci che si muovono a diversa frequenza

Poiché due voci spesso si muovono in direzioni diverse, è importante esercitarsi con il moto contrario all'interno di una singola mano. I due esercizi nell'esempio 18.16 sono dei veri torci-dita ma aiuteranno il pianista raggiungere una padronanza contrappuntistica.

Esempio 18.16
Esercitarsi con due voci che si muovono in direzioni opposte

Per un ulteriore approfondimento

Fischer, Claire. "Quiet Reflections." *Introspectivo*. M&L Music, 2005.
Hays, Kevin. "Open Range." *Piano Works III – Open Range*. ACT, 2005.
Hersch, Fred. "Ballad." *Songs Without Words, Volume 1*. Nonesuch, 2001.
Mehldau, Brad. "After Bach: Dream." *After Bach*. Nonesuch, 2018.
Siskind, Jeremy. "Homesick." *Perpetual Motion Etudes*. Outside In, 2020.

19. STRUTTURE DI MOTO PERPETUO

Usare **strutture di moto perpetuo**, approcci pianistici in cui una suddivisione determinata è eseguita da una o entrambe le mani senza pause, è diventata una delle basi del piano jazz moderno. Le strutture di moto perpetuo sono specialmente attraenti per gli stili in ottavi non-swing e non-latin, specialmente nei brani che derivano dalla tradizione pop e rock. Quando eseguita con costanza ritmica e ingegno, una struttura di moto perpetuo può creare un feeling di un letto di suono, generare una energia ritmica vibrante e introdurre interessanti ritmi incrociati o sincopi.

Le Basi del moto perpetuo

Un modo di creare il moto perpetuo è semplicemente inventare un accompagnamento della mano sinistra che suoni un'unità ritmica costante (vedi esempio 19.1). Un pattern di sedicesimi con il basso sul battere e le note dell'accordo che riempiono gli spazi ritmici vuoti si adatta molto bene alla melodia di "danny Boy". Anche se mantengono un pattern e una forma costanti, le note nella mano sinistra sono scelte in modo da evitare di doppiare delle note nella melodia, proprio come in una armonizzazione melodica.

Esempio 19.1
Semplice pattern di moto perpetuo nella sinistra

Il moto perpetuo diventa più interessante quando si usa una **struttura condivisa** da entrambe le mani. Un modo per creare una struttura condivisa è prendere le note più alte della mano sinistra con la mano destra. Le note nella mano destra possono essere suonate con un'articolazione più netta rispetto alle note nella mano sinistra, aggiungendo dei sottili accenti e delle sincopi. Nell'esempio 19.2, alcune parti della melodia sono sincopate per adeguarsi alla struttura condivisa. Un esempio di struttura condivisa ben eseguita è "Resignation" di Brad Mehldau. Mehldau spesso condivide l'accompagnamento tra le mani nelle sue registrazioni di piano solista.

Esempio 19.2
Semplice pattern di moto perpetuo condiviso

Un altro modo di creare una struttura condivisa è omettere le note nel pattern della mano sinistra che siano concorrenti con le note della melodia, in modo che le due parti si adattino a vicenda come gli ingranaggi di un orologio (vedi esempio 19.3). I pattern della mano sinistra devono essere molto più flessibili in questo tipo di struttura. Nell'esempio 19.3, la nota al basso è spesso suonata in levare, creando una sincope intrigante.

Esempio 19.3
Struttura condivisa con note omesse nella sinistra

Le strutture di moto perpetuo non devono essere necessariamente limitate a linee di note singole. Diadi e anche triadi possono essere usate nelle strutture di moto perpetuo. Usare il *corner thumb* nella mano destra può essere un modo ritmicamente vibrante per enfatizzare l'effetto percussivo della mano destra (vedi esempio 19.4).

Esempio 19.4
Struttura condivisa con corner thumb nella mano destra

Il suono di una struttura di moto perpetuo è particolarmente intrigante se le due mani si sovrappongono, con il pollice della mano destra che passa sopra o sotto il pollice della mano sinistra (vedi esempio 19.5). Le mani che si sovrappongono aiutano le diverse parti a suonare veramente integrate man mano che creano un accompagnamento ritmico.

Esempio 19.5
Struttura condivisa con mani sovrapposte

Altre Possibilità di Moto Perpetuo

Per un approccio molto diverso, una struttura di moto perpetuo può essere limitata alla mano destra, liberando la mano sinistra e permettendole di aggiungere un groove ritmico o un tappeto sotto una struttura in sedicesimi (vedi esempio 19.6).

Esempio 19.6
Struttura di moto perpetuo tutta nella destra

Ovviamente, il moto perpetuo non deve essere necessariamente un pattern ripetuto. Una linea improvvisata senza alcun pattern può creare una struttura di moto perpetuo. L'esempio 19.7 mostra una linea improvvisata fatta di terzine di ottavi che crea un contrasto intrigante, anche se denso, con la melodia.

Esempio 19.7
Moto Perpetuo con melodia improvvisata nella sinistra

Quando entrambe le mani suonano in moto perpetuo usando accordi, il ritmo diventa protagonista, quasi come se il pianista stia suonando le percussioni sul piano. Poiché è difficile suonare la melodia usando accordi costanti, l'esempio 19.8 esprimerà solo gli accordi di "Danny Boy". Funzionalmente, questa struttura si adatta meglio a un'improvvisazione che alla presentazione di una melodia.

I pianisti possono mantenere una **struttura percussiva** interessante per un passaggio esteso combinando diversi raggruppamenti, usando versioni multiple di un accordo o sovrapponendo le mani. Combinare raggruppamenti di due o tre crea un feeling di sincope e imprevedibilità. Usare versioni multiple dell'accordo in ogni mano, magari suonando diversi rivolti o spostando una linea interna avanti e indietro, costruisce un altro livello di varietà ritmica sopra alla sincope. Le mani che si sovrappongono oscurano la semplice dicotomia di due accordi che si alternano.

Esempio 19.8
Moto Perpetuo usando gli accordi

Il moto perpetuo può servire come base di una **struttura puntinistica**, cioè, una struttura in cui le note apparentemente hanno poca relazione l'una con l'altra ma insieme creano un insieme soddisfacente (vedi esempio 19.9). Per creare una struttura puntinistica, suona in moto perpetuo usando intervalli più ampi possibile, almeno una quinta, tra le note consecutive.

A causa della loro natura saltellante, le strutture puntinistiche sono spesso associate con una sensibilità musicale umoristica. In questo spirito, può apparire appropriato aggiungere note da posti lontani rispetto alla tonalità così come intervalli dissonanti come seconde, settime, e none.

Esempio 19.9
Una struttura puntinistica

JEREMY'S TIPS: ESERCITARSI CON IL MOTO PERPETUO

Improvvisare in una struttura di moto perpetuo richiede una consapevolezza intuitiva della relazione tra le mani così come l'abilità di trovare rapidamente le note dell'accordo con entrambe le mani. I seguenti esercizi sono tesi a preparare le mani a scambiarsi linee veloci e varie.

Per cominciare, esercitati nello scambiare gruppi improvvisati di due note tra le mani (vedi esempio 19.10). Cerca di usare una varietà di intervalli, anche se potrebbe essere più semplice usare solo seconde e terze. Ricorda che i gruppi possono sia salire che scendere. Incrociare le mani è un buon modo per creare una linea più varia. Esercitati a cominciare sia sul battere che sul levare.

Esempio 19.10
Scambiare gruppi di due note tra le mani

Dopo esserti esercitato con i gruppi di due note, esercitati con gruppi di tre note, cercando sempre di variare le forme e gli intervalli all'interno di ogni gruppo (vedi esempio 19.11). Questi gruppi creano un'emiola che si estende sopra la barra della misura in un tempo di quattro quarti.

Esempio 19.11
Scambiare gruppi di tre note tra le mani

Adesso, prova a mischiare i ritmi. L'esempio 19.12 mostra come mischiare un gruppo di due in una mano con un gruppo di tre nell'altra.

Esempio 19.12
Mischiare gruppi di due e tre note

Ora, decidi che alcune note dei gruppi debbano essere diadi o triadi. Usare diadi e triadi forza le mani a muoversi in posizione ancora più velocemente che con gli scambi di note singole. L'esempio 19.13 mischia gruppi di tre nella mano sinistra con gruppi di tre nella mano destra mentre ogni mano suona una triade per la prima nota di ogni gruppo.

Esempio 19.13
Usare diadi e triadi

Diversi gruppi possono essere combinati con diverse unità ritmiche come terzine e quintine per creare infinite combinazioni di scambi di mani. I pianisti dovrebbero inventare i propri esercizi e le proprie sfide basati sullo scambio di mani.

Per un ulteriore approfondimento

Mehldau, Brad. "Resignation." *Elegiac Cycle.* Warner Brothers, 1999.
Ovsepian, Vardan. *Abandoned Wheel.* Fresh Sound New Talent, 2001.
Simcock, Gwilym. *Near and Now.* ACT Music, 2019.
Siskind, Jeremy. *Perpetual Motion Etudes.* Libro e registrazione pubblicati in proprio con Outside In, 2020
Trotignon, Baptiste. "Urgencies." *Baptiste Trotignon Solo.* Effendi Records, 2003.

20. COSTRUIRE UNA PERFORMANCE

I primi 19 capitoli di questo libro hanno esplorato un'ampia varietà di mezzi e tecniche di esercizio per suonare il piano jazz solista. Questo capitolo esamina modi di combinare questi mezzi per creare una performance completa di piano solista.

Costruire una performance di piano solista che sia piena di contrasto e continuità è una sfida unica. Da una parte, poiché il pianista solista non è legato ad altri musicisti, può spontaneamente apportare veloci cambi alla musica man mano che li immagina. D'altra parte, poiché non può affidarsi ai compagni di gruppo che entrano con nuovi assoli, cambiando piatti per diversi colori, o supportando il solista con figure di background, il pianista deve ricorrere ad altri mezzi per creare contrasto.

Creare Contrasto con il Ritmo

I pianisti comunemente mischiano il suonare rubato con il suonare a tempo per creare contrasto. Più comunemente, i pianisti cominceranno rubato e si suoneranno a tempo in un punto importante della forma. Per esempio, è comune per i pianisti suonare un intero chorus rubato come una specie di introduzione e poi andare a suonare a tempo all'inizio del secondo chorus.

Nella sua registrazione di "Skylark" da *Live at Maybeck Recital Hall Volume Ten*, Kenny Barron suona la melodia una volta come ballad stop-start rubato (vedi capitolo 15) poi ripete la melodia a tempo con una mano sinistra stride per il secondo chorus. Tra il terzo e il quarto chorus, Barron crea contrasto attraverso un sottile cambio tra l'usare il pedale per tenere i quarti della sua sinistra stride e l'omettere il pedale e suonare staccato in stile stride piano. Dopo il quarto chorus, Barron torna al rubato e suona il bridge finale e la sezione A in stile stop-start rubato.

Suonando "Sofisticated Lady" nel *Live at the Whitney*, Duke Ellington comincia con un feel rubato per le prime due sezioni A, poi passa a suonare a tempo nella sezione B con una mano sinistra stride piano. Alla fine della sezione B, ritorna all'approccio rubato per l'ultima A.

Passare da un feel rubato a un feel ritmico a tempo può anche aiutare a distinguere la strofa o introduzione dal corpo centrale del brano. Su "Just in Time" da *Blues for Mysel*, Cedar Walton inizia con un'introduzione di piano rubato e poi stabilisce il tempo con un pedale ostinato che conduce alla presentazione della melodia. In modo simile, nella sua registrazione di "Lush Life" da *Expressions*, Chick Corea suona la strofa rubato e entra a tempo per la melodia principale, come un pianista farebbe se conducesse un trio.

I pianisti possono anche creare contrasto ritmico cambiando la suddivisione ritmica. Un modo comune per cambiare suddivisione e andare in double time o double-time feel. Per esempio, "Here's that Rainy Day" da *Alone*, Bill Evans va in double time tra la presentazione iniziale della melodia e l'improvvisazione, tornando alla fine al tempo più lento per la presentazione finale della melodia.

Il pianista armeno Tigran Hamasyan sceglie un approccio diverso per cambiare suddivisioni nella sua epica composizione "What the Waves Brought" dal suo album *Fable*. Nel brano di Hamasyan, l'armonia è basata intorno a un vamp sul quinto grado che si sposta ciclicamente tra due diverse indicazioni di tempo (vedi esempio 20.1).

Esempio 20.1
Vamp per "What the Waves Brought", come trascritto da Jeremy Siskind

All'inizio della sua improvvisazione, Hamasyan utilizza soprattutto sedicesimi. Tuttavia, man mano che la musica continua, introduce nuove suddivisioni. A metà del suo assolo, comincia a dividere la misura in otto anziché in sei, creando delle quartine (vedi esempio 20.2).

Esempio 20.2
Suddivisione in quartine da "What the Waves Brought" come trascritta da Jeremy Siskind

Ancora più tardi nell'assolo, Hamasyan fa una lunga escursione usando gruppi ritmici di quintine, che dividono la misura in dieci beat (vedi esempio 20.3).

Esempio 20.3
Suddivisione in quintine da *"What the Waves Brought"* come trascritta da Jeremy Siskind

Infine, quando il solo volge al termine, Hamasyan cambia la sua suddivisione primaria in ottavi puntati, dividendo le misure in quattro parti uguali (vedi esempio 20.4).

Esempio 20.4
Suddivisione in ottavi puntati da "What the Waves Brought" come trascritta da Jeremy Siskind

L'abilità di Hamasyan di creare contrasto attraverso diverse suddivisioni ritmiche mantiene il brano vivo e intenso nonostante la progressione di accordi ripetitiva.

Creare Contrasto con Cambi dì Tonalità e Medley

Poiché non dipendono dai compagni di gruppo, i pianisti sono liberi di cambiare tonalità o addirittura di cambiare canzone quando vogliono in una performance di piano solista. Molti pianisti hanno usato queste tecniche per creare delle svolte significative nella forma (struttura consueta dei brani n.d.t.).

I cambi di tonalità sono una parte importante della tradizione del piano jazz solista. Bill Evans crea contrasto cambiando suddivisioni ritmiche durante la sua performance di "Hear's that Rainy Day", come menzionato precedentemente. Ma i suoi cambi di tonalità creano un contrasto ugualmente forte. Ad ogni punto cruciale del brano, Evans traspone di una terza maggiore in basso. Suona la melodia di apertura in Si maggiore, poi cambia in Sol maggiore per l'assolo. Evans modula di un'altra terza maggiore verso Mi bemolle maggiore per la prima metà dell'ultima presentazione della melodia, poi finisce di nuovo a casa in Si maggiore per la seconda metà della melodia. La scelta di Evans di terze maggiori non è casuale, ma riflette in realtà l'armonia unica della canzone. "Hear's that Rainy Day" si muove di una terza maggiore dalla prima alla terza misura del brano.

Quando Hank Jones suona il suo arrangiamento di "The Very Thought of You", che ha eseguito e registrato frequentemente in tutta la sua carriera, comincia con un pattern di mano sinistra alla "Peace Piece" in Re maggiore. A metà della melodia, si ferma e arpeggia un accordo di Si bemolle settima dominante prima di cominciare un assolo in double-time in una nuova tonalità, Mi bemolle maggiore. Dopo un chorus e mezzo di improvvisazione, si ferma di nuovo e arpeggia un accordo di La settima dominante che modula ritornando a Re maggiore dove lui finisce con la seconda metà della melodia. La sua performance è come un sandwich con le due metà della melodia in Re maggiore che sono come il pane e l'improvvisazione in Mi bemolle maggiore che è come il companatico.

I **medley**, performance che combinano più canzoni senza soluzione di continuità, sono popolari nella tradizione del piano solista poiché i pianisti possono facilmente passare ad una canzone che conoscono in ogni momento. La già citata performance di Ellington di "Sofisticated Lady" al Whitney Museum passa dolcemente ad un'altra composizione di Ellington, "Solitude". Spostarsi tra questi due brani significa anche passare da una tonalità all'altra, da La bemolle maggiore a Re bemolle maggiore.

Nell'album meravigliosamente a ruota libera di Earl Hines *Live at the New School"*, egli include vari medley, a cui lui fa riferimento come "Fats Waller Medley", "International Medley", e "West Side Story Medley". Un altro medley non ha altro titolo oltre a "Medley," ma include le canzoni "When the Saints Go Marchin' In" e "Along the Santa Fe Trail", e "Perdido".

Keith Jarrett crea un tipo di medley completamente diverso nel suo album *The Melody at Night, With You.* Seguendo una versione di "Blame It on My Youth" di Oscar Levant, Jarrett improvvisa una coda che decide alla fine avere una identità musicale così individuale da dover avere un nome separato, "Meditation". Jarrett reintroduce delle eco del brano di Levant quando conclude la sua meditazione, conducendo la performance a una conclusione soddisfacente.

Creare Contrasto con l'Orchestrazione

Un altro modo di creare contrasto si ottiene attraverso il cambiamento del modo in cui è orchestrato il brano al pianoforte. Per esempio, quando suona "Get Happy" nel suo imponente album *10 Years Solo Live*, Brad Mehldau comincia con melodie a linee singole, poi stabilisce un un pedale ostinato con delle melodie che entrano da sopra e da sotto. Dopo una presentazione della melodia in stile pseudo-stride, gli accordi nuovamente escono e lui torna a una semplice singola linea melodica. La performance evoca gli strumenti di un'orchestra che entrano ed escono con la loro propria identità melodica man mano che la musica si espande e si contrae.

La traccia di Oscar Peterson "Perdido", è stata menzionata precedentemente nel capitolo sette poiché Peterson usa una linea di basso broken-feel nella mano sinistra. Anche se Peterson usa la linea di basso broken-feel per la melodia e tre chorus di improvvisazione, la traccia continua con molte trasformazioni. Nella musica che segue, Peterson si muove ciclicamente da una sezione tipo corale a struttura omofonica, a voicing in posizione chiusa senza basso, a un veloce stride piano nella mano sinistra, a dei run velocissimi in doppia ottava, e a una melodia a note singole con un accompagnamento nella mano sinistra prima di tornare alla fine al basso broken-feel. Quando avrà finito, Peterson avrà portato l'ascoltatore in un viaggio eroico di virtuosità scioccante e swing galvanizzante.

Esercitarsi sulla Struttura

Quando ascolti un qualsiasi brano di piano solista, presta attenzione a dove e come il pianista crea contrasto. Tipicamente, i pianisti fanno grandi cambiamenti nei punti importanti della struttura, come all'inizio di un chorus o a metà di un brano standard di 32 misure. Alcuni pianisti amano fare spostamenti improvvisi e puliti mentre altri amano cambiare gradualmente e lentamente da uno stile all'altro.

È utile esercitarsi con diverse mappe di struttura del brano in modo intenzionale e i pianisti sono saggi a pianificare delle performance soliste in termini di che cosa renderà unico ogni chorus. Per esempio, esercitati a suonare diversi brani con delle mappe che assomiglino a questa:

> Chorus 1: Melodia, stop-start rubato ballad
>
> Chorus 2: Ripeti la melodia, a tempo, accompagnamento in stile stride nella mano sinistra
>
> Chorus 3: Improvvisazione, accompagnamento in stile stride nella sezione A, broken-bass feel nella sezione B
>
> Chorus 4: Improvvisazione, stride piano nella sezione A, doppie ottave nella sezione B
>
> Chorus 5: Improvvisazione, struttura omofonica nelle sezioni A, stride piano nelle sezioni B
>
> Chorus 6: Melodia, rubato

O a questa:

> Introduzione: Rubato, prendi in prestito la struttura del "Clair de Lune" di Debussy
>
> Chorus 1: Melodia, ballad in stile quarter note in Mi bemolle maggiore
>
> Chorus 2: Improvvisazione double-time in La maggiore con accompagnamento in stile stride
>
> Chorus 3: Improvvisazione contrappuntistica in La maggiore (ancora double-time)
>
> Chorus 4: Melodia, prima metà in La maggiore double-time, seconda metà in Mi bemolle maggiore con ritmo normale
>
> Conclusione: Rubato, tornando alla struttura del "Clair de Lune"

Comincia a memorizzare diverse strutture finché diventino delle risorse affidabili in diversi stili. Quando una mappa si adatta particolarmente bene a un brano, crea un arrangiamento originale di piano solista ed esercitati su di esso finché tutte le transizioni avvengano in modo liscio e senza sforzo.

Ovviamente, non tutte le performance soliste devono includere contrasti estremi. Per esempio, quando Mulgrew Miller suona "Jordu" nel suo album *Solo*, la forza della performance risiede non nel cambio di orchestrazione, trasposizione, o suddivisione ritmica, ma nella brillantezza dell'improvvisazione della sua mano destra. Chorus dopo chorus, egli accompagna in modo minimalista con la mano sinistra e suona melodie a note singole nella mano destra, e tuttavia la sua performance è incredibilmente accattivante poiché la sua improvvisazione è così forte.

JEREMY'S TIPS: CONCENTRARSI SULL'EMOZIONE

Anche se questo libro ha presentato un approccio tecnico e orientato alla teoria per imparare a suonare il piano solista, vorrei concludere con alcuni pensieri che riguardano come costruire una performance basata sull'emozione di un brano. Dopo tutto, la bellezza del piano solista è che un performer può raccontare la propria verità intimamente e onestamente senza il bisogno dell'approvazione o dell'assistenza di nessun altro.

Un pianista dovrebbe scegliere una tonalità per un brano che sarà sua e basta. Invece di adeguarsi alla tonalità in cui è comunemente suonato il brano, si può sperimentare con diverse tonalità per vedere dove sul pianoforte il brano risuona meglio. Ci sono molte considerazioni quando si sceglie una tonalità. Se la melodia è posizionata in un registro alto, è ancora possibile raggiungere i bassi profondi? Quale cantante potrebbe più plausibilmente cantare il brano, un soprano o un tenore? Il mood del brano viene fuori meglio nell'oscurità di una tonalità bemolle o nella brillantezza di una tonalità diesis? Il brano evoca dei brani conosciuti di altre tradizioni musicali, come la musica classica o il pop?

E inoltre, se il brano ha un testo, impara il testo e pensa veramente ad esso. Ascolta i grandi cantanti per vedere come interpretano il testo di un brano e di altri brani. Un pianista dovrebbe scegliere i brani che hanno testi che sono rilevanti per la sua vita e pensare al perché il testo è importante. I brani con testi dovrebbero essere suonati a tempi in cui il pianista e gli ascoltatori possano cantare con il testo in mente.

Che un brano abbia o meno un testo, scegli un aggettivo o immagine da associare al brano. Se è disponibile qualche informazione biografica sul compositore o sulla musica che ha dato origine al brano, fai qualche ricerca e usa quella conoscenza per creare un'immagine. Non c'è una corretta emozione per un brano, i pianisti dovrebbero sperimentare con diverse interpretazioni. Per esempio, "All The Things You Are" potrebbe essere suonata concentrandosi su aggettivi come "saltellante", "meditabondo", "traslucido", "desideroso", o "lussureggiante".

Anche se credo nel valore di padroneggiare le tecniche presentate in questo libro, credo che io suoni meglio non quando sto pensando alla tecnica pianistica, e neanche quando sono motivato dai grandi artisti che mi ispirano. Io suono meglio quando sono concentrato come un laser sul lato emotivo. I momenti in cui l'emozione sincera prevale sono la ricompensa per tutte le ore di esercizio e preparazione. Questi momenti emotivi sono quelli che mi permettono di lasciarmi andare e semplicemente godermi la musica.

Per un ulteriore approfondimento

Barron, Kenny. "Skylark." *Live at Maybeck Recital Hall Volume Ten*. Concord, 1991.
Corea, Chick. "Lush Life." *Expressions*. GRP, 1994.
Ellington, Duke. "Sophisticated Lady / Solitude." *Live at the Whitney*. GRP, 1995.
Evans, Bill. "Here's that Rainy Day." *Alone*. Verve, 1970.
Hamasayan, Tigran. "What the Waves Brought." *A Fable*. Decca, 2011.
Hersch, Fred. "Whisper Not." *Songs Without Words, Vol. 3*. Nonesuch, 2001.
Hines, Earl. *Live at the New School*. Chiaroscuro, 1988.
Jones, Hank. "The Very Thought of You." *Live at Maybeck Recital Hall, Volume Sixteen*. Concord, 1992.
Mehldau, Brad. "Get Happy." *10 Years Solo Live*. Nonesuch, 2015.
Miller, Mulgrew. "Jordu." *Solo*. Space Time Records, 2000.
Peterson, Oscar. "Perdido." *My Favorite Instrument: Exclusively for My Friends*. MPS, 1968.
Walton, Cedar. "Just in Time." *Blues for Myself*. Red Records, 2008.

CINQUANTA ALBUM RACCOMANDATI DI PIANO JAZZ SOLO

Allen, Geri. *Flying Toward the Sound*. Motema, 2010.

Barron, Kenny. *At the* Piano. Xanadu, 1981.

Blake, Ran. *Duke Dreams*. Soul Note, 1981.

Bley, Paul. *Open to Love*. ECM, 1972.

Brackeen, Joanne. *Popsicle Illusion, Mythical Magic*. Arkadia, 2000.

Bryant, Ray. *Alone with the Blues*. New Jazz, 1959.

Byard, Jaki. *Parisian Solos*. Futura, 1971.

Carrothers, Bill. *Civil War Diaries*. Illusions, 2005.

Corea, Chick. *Children's Songs*. ECM, 1984.

Corea, Chick. *Expressions*. GRP, 1994.

Crispell, Marilyn. *Vignettes*. ECM, 2007.

Davis, Kris. *Aeriol Piano*. Clean Feed, 2001.

Ellington, Duke. *Live at the Whitney*. Impulse, 1972.

Evans, Bill. *Alone*. Verve, 1968

Garner, Erroll. *Afternoon of an Elf*. Mercury, 1955.

Green, Benny. *Green's Blues*. Telarc, 2001.

Hamasayan, Tigran. *A Fable*. Verve/Emarcy, 2011.

Hancock, Herbie. *The Piano*. CBS/Sony, 1979.

Harris, Barry. *Listen to Barry Harris*. Riverside, 1960.

Harris, Gene. *Live at Maybeck Recital Hall*. Concord, 1993.

Hersch, Fred. *Songs Without Words*. Nonesuch, 2001.

Hersch, Fred. *Plays Jobim*. Sunnyside, 2009.

Hines, Earl. *Plays Cole Porter*. Swaggie, 1975.

Ibrahim, Abdullah. *African Dawn*. Enja, 1969.

Jarrett, Keith. *The Melody at Night, with You*. ECM, 1998.

Jarrett, Keith. *The Koln Concert*. ECM, 1975.

Jarrett, Keith. *The Sun Bear Concerts*. ECM, 1976.

Jones, Hank. *Live at Maybeck Recital Hall*. Concord, 1992.

Jones, Hank. *Tiptoe Tapdance*. Galaxy, 1978.

Lande, Art. *Art Lande Plays Monk - Friday the 13th*. Vartan Jazz, 1996.

McKenna, Dave. *Solo Piano*. Chiaroscuro, 1973.

McPartland, Marian. *Willow Creek and Other Ballads*. Concord, 1985.

Mehldau, Brad. *Elegiac Cycle*. Warner Bros., 1998.

Mehldau, Brad. *10 Years Solo Live*. Nonesuch, 2015.

Miller, Mulgrew. *Solos*. Space Time Records, 2010.

Monk, Thelonious. *Solo Monk*. Columbia, 1965.

Monk, Thelonious. *Alone in San Francisco*, 1959.

Peterson, Oscar. *My Favorite Instrument: Exclusively for My Friends*. MPS, 1968.

Peterson, Oscar. *Tracks*. MPS, 1970.

Rubalcaba, Gonzalo. *Fé*. 5Passion, 2011.

Simcock, Gwilym. *Good Days at Schloss Elmau*. ACT Music, 2011.

Taborn, Craig. *Avenging Angel*. ECM, 2011.

Tatum, Art. *20th Century Piano Genius*. Verve, 1996.

Taylor, Cecil. *Silent Tongues*. Arista, Freedom, 1975.

Taylor, John. *Songs and Variations*. CAM Jazz, 2005.

Tristano, Lennie. *The New Tristano*. Atlantic, 1962.

Tyner, McCoy. *Soliloquy*. Blue Note, 1992.

Uehara, Hiromi. *Place to Be*. Telarc, 2009.

Walton, Cedar. *Blues for Myself*. Red Record, 1987.

Wilson, Teddy. *With Billie in Mind*. Chiaroscuro, 1972.

Per una lista di oltre cinquecento album di piano jazz solo, visita www.jeremysiskind.com.

GLOSSARIO

Accompagnato omofonico - La ripetizione degli accordi nella mano sinistra con lo stesso ritmo della melodia (44)

Accompagnamento Peace Piece - Pattern stride di basso-alto-alto-basso, reso famoso da Bill Evans (15)

Accordi ripetuti - Accordi identici di accompagnamento su due ottavi consecutivi (38)

Accordo di settima diminuita - Accordo simmetrico di quattro note costituito da terze minori sovrapposte (20)

Accordo di settima diminuita sul settimo (vii°7) - Un accordo diminuito basato sulla sensibile dell'accordo a cui conduce (20)

Accordo diminuito di passaggio - Un accordo diminuito che armonizza una nota al basso che si muove tra due note dell'accordo (20)

Accordo simmetrico - Un accordo il cui pattern di intervalli si ripete all'infinito (21)

Accordo sospeso - Un accordo in cui la quarta sostituisce la terza (67)

Aiming - Riarmonizzare scegliendo un accordo bersaglio e aggiungendo accordi che conducano logicamente all'accordo bersaglio (128)

Note alterate - Note a distanza di un semitono dalla quinta o dalla nona di un accordo dominante, come la quinta bemolle o la nona diesis (10)

Anchor note - Una nota che un pianista può localizzare in modo affidabile e che serve come base per piazzare le note circostanti (19)

Anticipare - Suonare una croma prima, solitamente spostandosi dal battere al levare (17)

Armonico - Un una frequenza superiore che in realtà è un multiplo della nota originaria, prodotta dal posizionare un dito sul punto che divide la corda in frazioni matematiche precise (150)

Arpeggio - Una cascata che presenta le note di un accordo su più ottave (21)

Augmentare - Doppiare il valore delle note di un ritmo (84)

Back-phrasing - Suonare la melodia con un significante ritardo ritmico (106)

Ballad in stile quarter-note - Ballad con ottavi normali (non swing n.d.t.) in cui una nota da un quarto è ripetuta dolcemente nel tenore o nel contralto con funzione di mantenimento del tempo (101)

Ballad stop-start rubato - Una stile di ballad in cui il pianista inserisce un commento tra le frasi melodiche (117)

Bebop scale - Una scala maggiore con l'aggiunta della sesta bemolle (54)

Bell tone - Ottava nel registro superiore del pianoforte che è usata come fill in una ballad a tempo rubato (118)

Blocking su arpeggi - Suonare gli arpeggi come accordi prima di separarli lentamente nelle loro componenti (126)

Boogie-woogie - Stile caratterizzato da pattern della mano sinistra molto ripetitivi usato tipicamente nelle progressioni blues (46)

Bossa nova - Stile lento brasiliano caratterizzato da un accompagnamento che mischia battere e levare (113)

Break - Momento nello stile stride in cui la mano sinistra smette di andare avanti e indietro per permettere un fill alla mano destra (21)

Broken-feel bassline - Una linea di basso che sottolinea l'armonia senza un pattern ritmico ripetitivo (49)

Call-and-response - Uno stile in cui la sinistra diventa più attiva e la destra diventa meno attiva, e viceversa (43)

Cambiare suddivisione ritmica - Creare una struttura musicale attraverso l'enfasi su una particolare unità ritmica (166)

Charleston - Un pattern di accompagnamento che cade sul battere dell'uno e sul levare del due (32)

Choro - Uno stile brasiliano analogo al ragtime americano (30)

Cromatismo - usare un semitono (14)

Circolo delle quinte - il movimento più comune nell'armonia occidentale, in cui la tonica si muove una quinta sotto o una quarta sopra (12)

Circolo delle quinte diatonico (maggiore) - Progressione che consiste di accordi della tonalità con le toniche che scendono per quinte diatoniche, includendo una quinta diminuita tra il quarto e il settimo grado della scala (128)

Circolo delle quinte diatonico (minore) - Progressione che consiste di accordi di una tonalità minore con le toniche che scendono per quinte diatoniche. Poiché diverse scale minori usano diverse seste e settime, ci sono più sentieri attraverso il circolo delle quinte diatonico minore (128)

Climax melodico - Tipicamente la nota più alta di una melodia, solitamente si trova circa da quattro a otto misure prima della fine di un brano (74)

Closed-position voicing - Un voicing che si estende per un'ottava o meno, tipicamente cinque note con la nota più bassa che doppia la nota più alta (23,54)

Color tones - Note opzionali come la quinta, la nona, l'undicesima e la tredicesima (9)

Common tone diminished chord - Un accordo diminuito basato sulla stessa tonica dell'accordo primario, che orna l'accordo primario o ne ritarda l'arrivo (21)

Comping - Un accompagnamento jazz improvvisato (32)

Compound melody - Una melodia a nota singola che implica più melodie allo stesso tempo (142)

Constant-eight ballad - Una ballad con un flusso costante di ottavi (110)

Contrappunto - La disciplina tradizionale per scrivere due o più melodie insieme (151)

Contrappunto omofonico - Una struttura in cui melodie multiple, suonate simultaneamente, sono intersecate intenzionalmente per implicare l'armonia (62)

Corner thumb - L'abilità del pollice di suonare facilmente due tasti bianchi consecutivi o due tasti neri consecutivi allo stesso tempo (73)

Contromelodia - Una melodia che fa da complemento alla melodia principale e mantiene la sua propria identità melodica (151)

Decima - Un'ottava più una terza (9)

Diatonico - usare le note della scala o del modo senza aggiungere alterazioni (14)

Doppio vicino - Un ornamento che si avvicina alla nota bersaglio usando mezzi toni sia da sopra e da sotto (43)

Doppia ottava - Una tecnica in cui il pianista suona melodie identiche in entrambi le mani tipicamente con una ottava aperta lasciata in mezzo per ottenere la massima risonanza (60)

Double-time feel - Il risultato che si ottiene quando un pianista suona come se il tempo fosse raddoppiato senza cambiare il ritmo degli accordi (27)

Doppiare - La ripetizione di una nota in un voicing (67)

Drop two voicing - Un voicing di quattro note che è caratterizzato tipicamente da una nona o una decima tra la nota più alta e più bassa (55)

Drumming texture - Una struttura pianistica in cui entrambe le mani suonano accordi ripetuti (163)

Diade - Un accordo di due note frequentemente usato per riempire l'armonia nella mano destra che improvvisa mentre la mano destra suona il basso (47)

ECM-style ballad - Uno stile di ballata in quarti con i quarti in levare (111)

Emiola - Raggruppamento che non si adatta in modo pari all'indicazione del tempo in chiave (22)

Equivalente enarmonico - Una nota che pur essendo la stessa sulla tastiera ha nomi diversi (10)

Fill di accompagnamento - Accompagnamento più attivo, semplici melodie create spostando la nota più alta di un voicing, o interiezioni melodiche improvvisate usate per aggiungere interesse agli spazi vuoti (34)

Fortepiano pedal - Un effetto del pedale raggiunto suonando un accordo staccato e accentato e premendo il pedale solo dopo che il suono ha cominciato a decadere, creando un attacco forte ma un sostegno delicato (37)

Forward-phrasing - Suonare la melodia in anticipo rispetto a come è scritta (107)

Four feel - Stile di basso in cui il basso suona quattro note da un quarto per ogni misura (11)

Freddie Green-style comping - Quarti ripetuti in un solo registro (16)

Freeze game - Un espediente pratico che aiuta i pianisti a trovare accordi densi velocemente e accuratamente (83)

Ghost note - Una nota che è appena percepita ma che è inclusa con funzione di mantenimento del tempo (56)

Ghosting - Premere i tasti lentamente in modo che i martelli non colpiscano le corde e non producano suono (116)

Gruppo irregolare - Una suddivisione che non rispetta la divisione regolare di un movimento (come la terzina o la quintina in un tempo binario) (28)

Half-clearing - alzare il pedale parzialmente (108)

Half-pedaling - premere il pedale parzialmente (108)

Infilare il mignolino sotto - Stile di diteggiatura in cui il quinto dito passa sotto il quarto dito per facilitare una discesa melodica legata (92)

Invertire - Scambiare le parti tra mano destra e mano sinistra (152)

Jazz waltz - Piano stride con un pattern basso-alto-alto, anticipando il battere del due (24)

Lead-in - Un gesto musicale che riporta la musica indietro dolcemente dopo un'interruzione (21)

Limiti dell'intervallo inferiore - Il concetto per cui man mano che i pianisti suonano più bassi nel registro del pianoforte, meno intervalli suonano armoniosamente (9)

Long comp - Un accompagnamento tenuto fino a che non è suonato l'accordo successivo, raggiunto con il legato delle dita o con il pedale (35)

Medley - Performance che combina più canzoni senza interruzioni (169)

Mirror piano - Un tipo speciale di contrappunto omofonico che accoppia note simmetriche intorno ai due punti di simmetria del pianoforte (63)

Modulazione metrica - Una transizione dolce verso un altro tempo raggiunto cambiando il valore delle note da un quarto (29)

Modal voicing - Voicing che ha lo stesso set di intervalli diatonici indipendentemente da quale nota si cominci (58)

Moto contrario - Movimento delle voci in direzioni opposte (15)

Moto parallelo - Muovere le voci nella stessa direzione (15)

Moto simile - Movimento nella stessa direzione usando diversi intervalli (156)

Nona minore - L'intervallo di un'ottava più un semitono, che deve essere evitato negli shared-hand voicing (67)

Note essenziali - La terza e la settima, che sono incluse in quasi tutti gli accordi jazz (9)

Ornamento - La prima parte di una figurazione in tre parti caratterizzata da un mordente, una enclosure, o un lead-in cromatico per decorare una nota di partenza (21)

Ostinato - Una figura musicale ripetuta (50)

Outlining - Il processo di semplificare la musica fino al suo scheletro essenziale per trovare la sua essenza sottostante prima di riempirla con i dettagli musicali (97)

Partido alto - Letteralmente "la parte alta", un pattern di accompagnamento tipico per bossa nova e samba (113)

Pedal point - Una tecnica di riarmonizzazione in cui il basso rimane lo stesso mentre gli accordi sopra cambiano (133)

Pedale tonale - Il pedale centrale del pianoforte a coda che sostiene le note che sono tenute quando il pedale e premuto ma consente alle altre note di essere suonate senza sustain (148)

Personalizzare la melodia - Variare leggermente la melodia (85)

Piano preparato - Tecnica estesa in cui oggetti come mastice, viti, e carta sono posizionati sulle corde (149)

Pila di terze sovrapposte - Il pattern di intervalli di un accordo di settima in posizione fondamentale (67)

Pizzicato - Pizzicare le corde invece di usare l'arco sugli strumenti ad arco (147)

Planing - La precisa trasposizione degli intervalli di un voicing (58)

Progressione due-cinque-uno (ii-V-I) - La progressione di accordi più comune nel jazz che comprende accordi diatonici di settima costruiti sul secondo, quinto, primo grado della scala (10)

Progressione tre-sei-due-cinque (iii-vi-ii-V) - Una progressione di accordi costituita dalle ultime quattro misure del circolo delle quinte diatonico (128)

Push-off - Tecnica che permette al pianista di suonare due accordi ripetuti senza spazio in mezzo (45)

Punto di turn-around - Il momento in cui la melodia cambia da direzione ascendente a discendente, o viceversa (44)

Quartal voicing - Voicing che sovrappone quarte diatoniche (58)

Ragtime - Una versione primordiale del piano stride che è primariamente scritta anziché improvvisata (8)

Red Garland pattern - Un pattern di accompagnamento che cade sul levare del quattro e del due anticipando le armonie che cambiano sull'uno e sul tre rispettivamente (33)

Riarmonizzazione - Cambiare l'armonia di una progressione aggiungendo, sostituendo, togliendo accordi (128)

Rest on beat one - Un pattern stride in cui il pianista si riposa sul battere prima di finire la misura con alto-basso-alto (15)

Reverse Charleston - Un pattern di accompagnamento che cade sul levare dell'uno e sul battere del tre (32)

Reverse Peace Piece - Pattern stride di alto-basso-basso-alto (15)

Reverse stride - Pattern stride di alto-basso-alto-basso (15)

Ripetizione all'ottava - Reiterazione dello stesso accordo o frase su è giù per il piano, usata come commento nelle ballad in stile rubato (124)

Ritmo armonico - Quanto frequentemente cambiano gli accordi di una canzone (33)

Rivolto - Un accordo con una nota diversa dalla tonica al basso (80)

Roll - Tecnica stride in cui le note di un accordo sono suonate consecutivamente anziché simultaneamente (13)

Scala ottofonica - Una scala di otto note che alterna toni e semitoni (57)

Scala ottofonica tono-semitono - L'alternanza di toni e semitoni a partire dalla tonica dell'accordo e cominciando con un tono (76)

Scale pattern - Set di intervalli ripetuto e applicato a una scala (119)

Scoop - Lead-in da sotto consistente in semitoni multipli (56)

Shared-hand texture - Struttura pianistica in cui il pattern di accompagnamento è condiviso da entrambe le mani (159)

Shared-hand voicing - Struttura pianistica in cui alcune note sono suonate dalla destra e altre dalla sinistra (66)

Shell voicing - Voicing che pone la terza e la settima nella mano sinistra (35)

Short comp - Nota staccata che dovrebbe avere la lunghezza e il volume di una spazzola che colpisce un rullante (35)

Sidestep secondo-quinto (ii-V) - Più progressioni secondo-quinto consecutive sfasate di un semitono (129)

Sidestepping - Una tecnica in cui un pianista risolve un voicing di mezzo tono dopo aver introdotto lo stesso voicing trasposto a un semitono di distanza (39)

Skip beat - Una nota sul levare che conduce al successivo battere (14)

Slide - Una connessione tra due note attraverso due o più semitoni (56)

So What voicing - Un voicing di cinque note che sovrappone tre quarte in basso è una terza in alto (58)

Sostituzione di tritono - Una sostituzione di accordo in cui il pianista sostituisce un accordo di settima dominante con l'accordo di settima dominante ad un tritono di distanza (89)

Stride pattern - Formula per spostarsi tra l'espressione alta e bassa di un accordo (15)

Stride piano - Uno stile di pianoforte in cui la sinistra si alterna tra l'espressione bassa e alta della progressione di accordi (8)

Stride piano ballad - Un brano a tempo lento suonato in stile stride piano nella mano sinistra (25)

Struttura - Il modo in cui la melodia e gli accordi sono presentati al pianoforte (141)

Struttura di moto perpetuo - Approccio pianistico in cui una data suddivisione è riempita da una o entrambe le mani senza pausa (159)

Struttura omofonica - Una struttura in cui tutte le parti sono suonate simultaneamente (88)

Struttura puntinistica - Una struttura pianistica in cui le note apparentemente hanno poca relazione tra di loro ma insieme creano un tutto soddisfacente (163)

Tango ballad - Uno stile di ballad che aggiunge una linea di basso di tango nella mano sinistra ai quarti in levare nella mano destra (112)

Tecnica di armonizzazione melodica - Un insieme di regole usate per creare degli shared-hand voicing

Tecniche estese - Un modo di usare il piano che produce suoni per cui il piano non è stato originariamente progettato (149)

Tempi deboli - I movimenti due e quattro in una misura di 4/4 (8)

Tempi forti - I movimenti uno e tre in una misura di 4/4 (8)

Tensione - Nota introdotta sul battere per creare suspense e che necessita di risoluzione (102)

Tre più tre più due - Un pattern di otto movimenti che consiste di due misure di accompagnamento a tempo di valzer (basso-alto-alto) e successivamente un pattern singolo di basso-alto (15)

Tonicizzazione - Una tecnica in cui il pianista introduce l'accordo dominante di un accordo target e poi risolve l'accordo dominante sul target (40)

Turn - Un ornamento che abbellisce la nota lead-in usando un vicino superiore o inferiore (43)

Two-feel - Stile di basso in cui il basso suona due minime per misura (11)

Voce - Una melodia a linea singola in una struttura contrappuntistica (151)

Voci non adiacenti - Il soprano il tenore, l'alto e il basso in una struttura a quattro voci (155)

Voice leading - La considerazione di melodie lineari all'interno di un movimento armonico (10)

Voicing - Fare in modo che una nota in un accordo sia più prominente delle altre (29)

Voicing parallelo - Un voicing che mantiene la stessa esatta struttura di intervalli (49)

Walk up e walk down - Pattern di basso che creano una connessione graduale tra gli accordi che si muovono nel circolo delle quinte (12)

Walking bass - vedi "four feel" (11)

Walking tenths - Uno stile di piano stride in cui il pianista aggiunge le decime al di sopra del walking bass (11)

Waltz - Piano stride in cui il pattern è basso-alto-alto (24)

Waltz ballad - Stile di ballad in tempo di tre quarti (113)